D'autres critiques é[...]
101 exercices pour l'âme

« J'ai toujours admiré le Dr Bernie Siegel, l'un des esprits les plus remarquables de notre époque. Il possède à la fois un esprit analytique scientifique et une profonde connaissance de la spiritualité. Ses *101 exercices pour l'âme* vous aideront à comprendre et écouter cette part de vous qui est le génie ultime et suprême et qui reflète la sagesse de l'Univers. »

— Deepak Chopra, auteur de *Le Livre des secrets*

« Un livre magnifique, sincère, rédigé par un médecin légendaire, qui vous nourrira l'esprit, le corps et l'âme. »

— Judith Orloff, M.D., auteure de *Second Sight* et *Accéder à son énergie sacrée*

« J'ai souvent pensé "Si seulement Dieu avait écrit un manuel pour nous expliquer comment vivre sur Terre. On aurait dû nous remettre un guide d'utilisation à la minute même de notre naissance." Eh bien, Dieu a bel et bien rédigé le manuel ultime, mais il l'a fait par l'intermédiaire de Dr Bernie Siegel. Dans *101 exercices pour l'âme*, le médecin le plus apprécié des États-Unis nous transmet un esprit et une sagesse dont tous les êtres humains ont soif. Nous devrions tous lire ce livre délicieux! Lisez-le et apprenez à trouver une joie, un équilibre, une raison d'être et un

pouvoir dont vous pourrez faire bénéficier autrui. Bravo, Bernie !
Merci de répandre la bonne nouvelle ! »

— Amelia Kinkade, auteure de
Straight from the Horse's Mouth

« Bernie Siegel est un professeur et un guérisseur exceptionnel. Il
est sage, aimant, drôle, clair, mature, solide et pragmatique. Il sait
comment atteindre les gens là où ils sont touchés. *101 exercices
pour l'âme* vous apportera des révélations, de l'inspiration, de
l'apaisement et des outils pratiques qui vous aideront à être bien,
heureux et créatifs. Allez, Bernie !

— Alan Cohen, auteur de *I Had It All the Time*

« J'ai su que le dernier livre de Bernie Siegel, *101 exercices pour
l'âme*, était magique lorsque, en l'ouvrant au hasard, je suis
« tombée » sur le chapitre « Nos amis poilus ». La veille, notre chat
bien-aimé était décédé à l'âge de 16 ans, et Bernie avait rédigé un
chapitre entier, dans son style chaleureux et accessible, qui nous
apportait du réconfort et un lien spirituel avec Max, que nous
aimions tant. »

— Sue Patton Tole, auteure de
Growing Hope et *The Courage to Be Yourself*

« Les exercices du Dr Siegel, qui nous conduisent vers l'illumination au quotidien, rassemblent la sagesse immémoriale en un
seul livre, net, précis et facile à lire. Il est digne de faire partie de
la bibliothèque de tous ceux qui cheminent sur la voie de la
spiritualité. »

— Allen et Linda Anderson, auteurs de
Angel Dogs et *Horses with a Mission*

101
EXERCICES
POUR
L'ÂME

101 EXERCICES POUR L'ÂME

Des exercices faciles
pour le mieux-être
du corps, de l'esprit et de l'âme

Dr Bernie S. Siegel

Traduit de l'anglais par
Janine Renaud

Éditeur : François Doucet
Traduction : Janine Renaud
Révision linguistique : Jean Poulin
Correction d'épreuves : Nancy Coulombe, Véronique Bettez
Conception de la couverture : Tho Quan
Photo de la couverture : © Thinkstock
Mise en pages : Sébastien Michaud
ISBN papier 978-2-89667-307-0
ISBN numérique 978-2-89683-099-2
Première impression : 2011
Dépôt légal : 2011
Bibliothèque et Archives nationales du Québec
Bibliothèque Nationale du Canada

Éditions AdA Inc.
1385, boul. Lionel-Boulet
Varennes, Québec, Canada, J3X 1P7
Téléphone : 450-929-0296
Télécopieur : 450-929-0220
www.ada-inc.com
info@ada-inc.com

Diffusion
Canada :   Éditions AdA Inc.
France :   D.G. Diffusion
                Z.I. des Bogues
                31750 Escalquens — France
                Téléphone : 05.61.00.09.99
Suisse :   Transat — 23.42.77.40
Belgique :   D.G. Diffusion — 05.61.00.09.99

Imprimé au Canada

Participation de la SODEC. $\int$ODEC

Nous reconnaissons l'aide financière du gouvernement du Canada par l'entremise du Programme d'aide
au développement de l'industrie de l'édition (PADIÉ) pour nos activités d'édition.
Gouvernement du Québec — Programme de crédit d'impôt pour l'édition de livres — Gestion SODEC.

Douce-amer
Par Dr Bernie S. Siegel

Alors que nous roulons à vélo sur la route
Elle tend le doigt et dit «Une douce-amère».
«Quoi? Je ne t'entends pas.»
Elle tend encore le doigt.
Je regarde et je vois la beauté de la douce-amère;
Je ressens la paix que me procure sa beauté.

Douce-amère, la saveur de ses mots me frappe.
Ils n'ont guère de sens,
Mais ils expliquent notre vie ensemble
Et indiquent la voie vers la paix.

Amers, les lumières laissées allumées,
Le comptoir jonché d'objets non rangés,
La lessive non pliée,
La fatigue, l'oubli, et tout ça.

Doux, son amour, son sourire, son rire,
Ses caresses, ses attentions, sa beauté.
Douce-amère, mais je perçois si peu son amertume
Elle est si douce.

La vie est douce-amère
Je remercie Dieu pour toi, mon amour,
J'espère que tu assaisonneras toujours ma vie.

N'oubliez pas que le monde forme une grande famille… Voyez le Ciel comme votre père, la Terre comme votre mère, et toutes choses comme vos frères et sœurs.

— ADAGE SHINTO

TABLE DES MATIÈRES

REMERCIEMENTS

J'éprouve une reconnaissance infinie envers tous les professeurs extraordinaires, humains ou non, que j'ai rencontrés au fil de ma vie. J'aimerais remercier Andrea Hurst dont le dévouement et la sagesse m'ont permis de terminer ce livre. Merci à ses associés, Christina Lutman, Rachael-Joy Cowham, Jennieke Cohen, Tammy Moon, Mai Tran, John Drehobl et Sandra Althen, pour l'aide précieuse qu'ils m'ont apportée. Ma gratitude va aux gens de la New World Library, Marc Allen, Georgia Hughes et à tout le personnel qui ont contribué au succès de mes livres.

INTRODUCTION

Nous savons qu'il est important de faire de l'exercice physique, mais à quelle fréquence faisons-nous faire de l'exercice à notre âme ?

Il est facile de nous laisser accaparer par nos activités quotidiennes et de perdre de vue les choses qui nous importent le plus. Nous devenons des activités humaines et non pas ce que nous sommes censés être — des êtres humains. À la longue, notre moi véritable finit par s'éteindre. En revanche, faire faire de l'exercice à notre âme peut nous rendre plus aptes à vivre et à aimer avec enthousiasme et énergie, à surmonter les difficultés ou les obstacles que nous rencontrons en cours de route.

Tout athlète, toute personne appelée à performer, sait que pour se rendre au Carnegie Hall ou aux Jeux olympiques, il faut s'exercer, s'exercer et s'exercer. Si vous ne vous entraînez pas régulièrement, vous ne réussirez jamais à accomplir ce dont vous êtes capable. C'est aussi vrai pour l'âme. Et le fait de pouvoir compter sur un entraîneur compétent est l'un des facteurs qui vous aidera à remporter une médaille d'or en croissance de l'âme. C'est difficile de s'entraîner seul. Pendant plus de trente ans, j'ai conseillé des personnes atteintes de maladies mortelles, et mes patients ont été pour moi les meilleurs des professeurs et des entraîneurs. Permettez-moi de devenir à mon tour votre entraîneur par l'intermédiaire de ce livre. Donnez-moi au moins une chance de l'être. Je ferai de mon mieux pour vous encourager à atteindre vos buts et pour vous guider dans le voyage de votre âme.

J'ai donné à ce livre une forme simple afin que vous puissiez vous assoir n'importe où, n'importe quand, et trouver le moyen d'améliorer votre vie. Chaque chapitre porte sur un secteur précis de la croissance de l'âme, allant de l'amélioration de l'attitude à la motivation intérieure. Les chapitres s'ouvrent sur un conseil de l'entraîneur, qui expose les notions sous-jacentes et le but des cinq exercices qui suivent (l'exercice 101 constitue « l'examen final »). Votre entraînement débute vraiment avec les exercices.

Il est possible que certains exercices vous semblent plus difficiles que d'autres. Sentez-vous libre de commencer votre lecture par n'importe quel chapitre. Choisissez-en un qui s'applique à ce que vous vivez actuellement, qui semble vous offrir l'aide dont vous avez besoin immédiatement. Commencez par l'exercice qui vous attire le plus. Il n'est pas nécessaire de vous réchauffer d'abord ; vous pouvez plonger tout de suite. Cependant, comme je ne suis pas là pour vous rappeler de vous exercer chaque jour, déposez ce livre là où vous le verrez souvent afin de ne pas oublier de combler les besoins de votre âme.

Vous vous mettrez rapidement à remarquer que votre vie a plus de sens et que vous vous sentez mieux. Il se peut qu'au début les changements soient minimes, mais à force de vous améliorer, ce qu'ils apporteront tant à votre vie personnelle qu'au monde en général deviendra plus évident. Plus notre désir et notre objectif sont affirmés, plus nous nous exerçons, et plus les résultats sont remarquables. Il nous est possible de contribuer à améliorer le monde par les choix que nous faisons.

Notre corps et notre âme sont conçus pour travailler de concert. Pour cela, nous devons respecter notre corps et le maintenir en forme, et nous devons également comprendre, respecter et soigner ce qui l'habite. Avant de commencer, prenez le temps d'examiner votre âme. Dans quel état se trouve-t-elle ? Lui a-t-on permis de s'exprimer, de s'entraîner correctement ? Est-elle plus développée ici et moins là ? Voyez votre âme comme un muscle que l'entraînement rendra plus fort, plus délié et plus souple. Pour nous refaire une âme en santé, il nous faut d'abord lui permettre de s'adresser à nous et ne pas laisser nos peurs et notre crainte du jugement d'autrui déformer ses propos. Nous devons faire confiance à la direction divine où elle nous mène et lui permettre d'embellir notre vie.

Il est temps pour vous d'entreprendre le voyage de l'âme.

La Force est avec vous. Croyez-moi.

Votre entraîneur,
Dr Bernie S. Siegel

TOUT EST DANS L'ATTITUDE

1

Ne laissez ni les petits ni les grands tracas vous faire suer (et épargnez le coût d'un déodorant)

Les autres peuvent vous freiner temporairement. Vous seul pouvez le faire de façon permanente.
— ZIG ZIGLAR

1er conseil de l'entraîneur

Lorsqu'on adopte une attitude positive, peu importent les circonstances, on a plus de chances d'être heureux et épanoui. Et pourquoi donc ? C'est que lorsque votre attitude est négative et que l'inquiétude et la peur accaparent votre esprit, vous en payez le prix physiquement, mentalement et spirituellement. En réalité, si vous passez votre temps à imaginer un triste avenir, vous contribuez à le créer. N'oubliez pas que vos pensées influencent vos décisions, et que par conséquent des pensées négatives engendrent des décisions négatives. On ne règle rien à imaginer le pire, mais on peut faire beaucoup lorsqu'on désire et

vise le meilleur résultat possible. Les personnes opti-
mistes n'ont peut-être pas toujours raison — que ce
soit lorsqu'elles interprètent le passé ou prédisent
l'avenir — mais elles vivent plus longtemps que les
pessimistes.

Il y a sur le bureau de Dieu une plaque sur laquelle
on peut lire «Si vous passez votre temps à dire que
votre vie est misérable, je vais vous montrer ce que
c'est que d'avoir une vie vraiment misérable. Et si
vous passez votre temps à dire que votre vie est
magnifique, je vais vous montrer ce que c'est que
d'avoir une vie vraiment magnifique.» Le fait d'avoir
une attitude positive vous ouvre des portes et vous
aide à créer la vie dont vous rêvez.

Une attitude négative est néfaste d'abord parce
qu'elle détruit vos chances de jouir du moment présent. Cette vérité, je l'ai vécue personnellement il y a
plusieurs années. L'un de nos enfants, alors âgé de
sept ans, avait passé une radiographie qui avait révélé
une tumeur osseuse. Selon toute probabilité, il s'agis-
sait d'une tumeur maligne et il lui restait moins d'un
an à vivre. Cette pensée m'attristait profondément et
mon attitude le montrait. J'ai aussi tenté d'amener ma
femme et ses quatre frères et sœurs à comprendre la
situation et à sombrer à leur tour dans la dépression.
En effet, comment peut-on rire et jouer lorsqu'un être
cher va mourir? Un jour, notre fils est entré dans la

pièce où j'étais assis et m'a dit : «Papa, est-ce que je peux te parler ? »

J'ai répondu : «Bien sûr. De quoi s'agit-il ? »

Il a répliqué : «Papa, tu réagis de la mauvaise manière. »

Avec ces mots, mon fils m'a rappelé ce que tous les enfants et tous les animaux savent d'instinct : aujourd'hui est le seul jour qui existe. En ce qui a trait à mon fils, je m'étais trompé sur ce qui l'attendait : il a survécu et, aujourd'hui, il est en santé et heureux. Nous ne connaissons pas l'avenir et nous ne devrions jamais laisser nos peurs, nos inquiétudes et notre attitude négative nous empêcher de jouir de chaque jour et d'être heureux, peu importe ce que demain semble nous réserver.

Lorsque vous subissez des déceptions et des revers, apprenez à les voir comme des événements qui vous redirigeront vers quelque chose de bien. Cet enseignement me vient de ma mère, et cela change de manière positive notre attitude et notre façon d'envisager l'avenir. Cultiver une approche pleine d'espoir face à la vie constitue une part importante de l'entraînement de l'âme. Les exercices suivants, si vous les faites régulièrement, renforceront vos perspectives et vous aideront à vous forger une vie à la mesure de vos désirs.

Exercice 1

LISTE DE GRATITUDE

À ne pas oublier

Pourquoi vivez-vous cette vie? Vous arrive-t-il de vous arrêter pour y réfléchir? Ou êtes-vous trop occupé à vous plaindre et à gémir? La gratitude est l'une des meilleures façons d'améliorer votre attitude et votre bien-être. Il est impossible d'être à la fois perturbé et reconnaissant. Vous pouvez refaire cet exercice souvent et vous en retirerez toujours les mêmes bienfaits.

Munissez-vous d'un stylo et d'une feuille de papier, et allez vous assoir dans un endroit tranquille où vous ne serez pas importuné. Commencez par dresser une liste d'au moins vingt choses de votre vie pour lesquelles vous pouvez être reconnaissant. Vous pouvez commencer par les possessions de base, comme avoir un toit sur la tête, une chaise sur laquelle vous assoir, de la nourriture à manger, un lit confortable la nuit, etc. Puis, enchaînez avec des aspects plus significatifs et personnels, comme les amis, la famille, les animaux domestiques et la santé.

Lorsque vous aurez fini, affichez cette liste où vous pourrez la relire souvent, particulièrement lorsque vous sentirez poindre des idées noires. Continuez à ajouter des éléments à cette liste au cours des prochaines semaines et prenez le temps de la relire chaque jour afin de vous rappeler tout ce qui meuble votre vie et dont vous pouvez être reconnaissant.

Exercice 2

AFFIRMATIONS

Ce que l'on se dit à soi-même importe

Vos intentions et vos désirs façonnent votre avenir. Lorsque vous affirmez vos désirs, et cessez de visualiser ce que vous redoutez, il y a plus de chances que vos objectifs se réalisent. Car, ainsi, vous vous préparez et vous préparez votre vie à accueillir ce que vous voulez.

Prenez une feuille de papier et divisez-la verticalement en deux au milieu. Puis, accordez-vous quelques minutes pour réfléchir aux principaux aspects de votre vie, comme votre corps, votre travail, votre conjoint, etc. Notez dans la colonne de gauche les pensées négatives qui vous traversent l'esprit, même si ce n'est que temporairement. Lorsque vous aurez fini de passer votre vie en revue, relisez ces pensées négatives. Maintenant, reprenez-les une par une et transformez-les en affirmations positives que vous noterez dans la colonne de droite. Par exemple :

Je suis très fatigué aujourd'hui.	Je me sens vigoureux et énergique aujourd'hui.
J'aimerais ne pas avoir à travailler aujourd'hui.	J'envisage avec joie une journée productive au travail.

| Je déteste l'apparence de mon corps. | Je suis rempli de gratitude d'avoir le corps que j'ai. |
| J'aimerais être un meilleur parent. | Chaque jour, je fais de mon mieux en tant que parent. |

Affichez vos affirmations préférées où vous les verrez chaque jour : sur le miroir de la salle bain, sur votre frigo, sur votre bureau, etc. Pendant trente jours, lisez-les à voix haute ou en silence plusieurs fois par jour et avant d'aller au lit. Mettez votre liste à jour chaque mois et choisissez de nouvelles affirmations sur lesquelles vous vous concentrerez. À mesure que votre attitude s'améliorera, votre corps et votre vie correspondront à ce que vous affirmez.

Exercice 3

APPRENEZ D'UN MAÎTRE

La sagesse des anciens

Pourquoi apprendre à la dure alors qu'il y a tant d'entraîneurs et de professeurs merveilleux qui vous ont précédé ? Les grands sages du passé nous ont laissé des mots empreints de vérité qui peuvent nous servir de guides. Choisissez un livre écrit par une personnalité que vous admirez. Voici quelques âmes blessées, maîtres exceptionnels et survivants dont vous pourriez lire les œuvres : Helen Keller, Anne Frank, mère Teresa, Bouddha, le Dalaï-lama, saint François d'Assise. Prenez le temps de lire les poètes classiques comme Emily Dickinson, Edna St. Vincent Millay et William Blake.

Tout en lisant, notez dans un carnet les phrases, les citations et les poèmes que vous aimez. Ou, si le livre vous appartient, vous pouvez surligner ces passages afin de pouvoir les retrouver lorsque vous en aurez besoin. Envisagez la possibilité d'encadrer ceux que vous préférez et de les accrocher un peu partout dans votre maison. Lorsque vous passez devant ces paroles de sagesse, laissez-les vous éclairer. Ces maîtres et leurs enseignements ont inspiré des millions de personnes, et ils feront office de sages-femmes lorsque vous affronterez les douleurs de l'enfantement d'une attitude plus saine.

Exercice 4

LE MEILLEUR MAÎTRE

Refusez d'avoir une mauvaise attitude

Dernièrement, lors d'une conférence, j'ai demandé aux gens du public de me dire quel était leur plus grand maître. Les réponses ont été nombreuses ; parmi les plus poignantes se trouvaient la douleur et la perte. Ma réponse est la mort. Je refuse de laisser les gens ou les circonstances gâcher ma joie, car je sais, comme nous le devrions tous, que ma vie a une durée limitée.

Je vis en sachant que, pour nous tous, notre séjour sur Terre est limité. Si je blesse quelqu'un, je fais amende honorable, je présente mes excuses, puis je vais de l'avant. Si j'ai peur, je considère la possibilité de faire ce que je redoute, et si cela ne met ni ma vie ni ma santé en péril, je tente ma chance.

Notre petit chien, Furphy, salue des chiens dix fois plus gros que lui avec amitié et sans peur. Il se fait des tas d'amis et j'apprends de lui. Les manuels d'éducation canine abordent l'importance de l'attitude. Si vous approchez un autre chien avec crainte, votre chien aura peur lui aussi, ce qui augmente le risque de conflit. Ceux qui nous entourent peuvent déceler notre attitude, et celle-ci affecte notre chimie interne de même que la façon dont les autres nous traitent.

À titre d'exercice, prétendez que la journée qui s'annonce est le dernier jour de votre vie. Savourez-en chaque instant, même les plus ordinaires. Tirez le meilleur parti de chaque situation. Si vous vous exercez chaque jour à accueillir la vie et ceux qui en font partie en ayant une attitude positive, les autres vous accueilleront en remuant la queue au lieu de grogner et de montrer les dents.

Exercice 5

ADMIREZ UNE PHOTO
VOUS MONTRANT BÉBÉ

Votre divin enfant intérieur

La peur de l'échec empêche les gens de vivre pleinement et de réaliser tout leur potentiel. Cette peur ne vient pas de votre divin enfant intérieur, vous l'avez apprise des gens qui vous entourent. Au fil de votre éducation, certaines figures d'autorité — comme vos parents, des professeurs, des chefs religieux, etc. — peuvent vous avoir donné l'impression que, lorsque ça ne tournait pas rond, c'était votre faute. Au lieu de s'occuper de votre comportement et de le corriger, ils vous faisaient vous sentir coupable et honteux d'être tel que vous étiez. Ils avaient tort !

Vous en aurez la preuve bien facilement : dénichez une photo vous montrant bébé, puis une photo plus récente de vous-même. Prenez le temps de bien regarder chacune et notez quelle est votre attitude envers elles. Il est fort probable que la photo du bébé éveillera un sentiment de joie, tandis que le sentiment de honte sera réservé à la photo d'adulte. Mais, hormis le temps, quelle est la différence entre les deux ? Conservez votre photo de bébé sur vous, ou exposez-la où vous travaillez, et servez-vous-en comme rappel chaque fois que quelqu'un vous fait ressentir de la honte.

Vous pouvez également pousser l'expérience plus loin, et la prochaine fois que vous rencontrerez une personne qui a l'habitude de vous regarder de haut, montrez-lui cette photo de vous bébé. Remarquez quelle est sa réaction. Il est fort probable qu'elle se pâmera d'adoration, émettra des commentaires attentionnés, multipliera les exclamations. Comment cela se compare-t-il à la façon dont cette personne vous accueille d'ordinaire?

Vous possédez toujours à l'intérieur de vous le divin potentiel d'un enfant. Les autres ne le perçoivent peut-être pas chez l'adulte que vous êtes devenu, mais ce potentiel est bel et bien présent. Ne vous laissez pas arrêter par une attitude craintive ou l'opinion d'autrui. Approchez la vie comme un enfant, faites un premier pas, apprenez à marcher. Si vous n'essayez pas, vous n'y arriverez jamais. Si vous trébuchez et tombez, comme l'enfant, relevez-vous et essayez à nouveau.

UTILISEZ VOTRE CORPS

2

Développez vos forces —
entraînez-vous à fond

Le mouvement est un remède qui modifie l'état
physique, émotif et mental d'une personne.
— CAROL WELCH

2ᵉ *conseil de l'entraîneur*

Si nous l'écoutons, notre corps nous transmet une
somme impressionnante d'informations. Notre corps
nous renseigne sur nous-mêmes. Nous sommes nés
en tant qu'êtres physiques, et pourtant, plus nous
vieillissons, plus nous avons tendance à ignorer les
sages enseignements de notre corps. Pour améliorer
la santé de notre âme, nous devons apprendre à prêter
attention à notre moi physique. Nous devons rester en
rapport avec notre corps afin d'accéder directement
aux précieux renseignements qu'il nous transmet.

En tant que médecin, je sais que notre vie même
est logée en nous. Nous devons apprendre à interpréter notre langage corporel. Le corps ne s'adresse

pas seulement à nous par l'intermédiaire de symptômes physiques comme la douleur. Le corps affecte
nos pensées, nos rêves et nos sentiments. J'ai utilisé la
sagesse intuitive du corps, qui s'exprime dans les
rêves et les dessins, pour aider des personnes à
prendre des décisions d'ordre thérapeutique et pour
diagnostiquer des maladies. Ce savoir n'est pas
enseigné dans les écoles de médecine, mais il est
connu depuis des décennies grâce au travail de Carl
Jung.

Cela peut se manifester inversement, car le corps
est lui aussi affecté par les images qu'on lui présente.
Par exemple, imaginez un événement ou une scène
agréable et voyez comment votre corps y réagit —
comme si vous le viviez vraiment. Nous savons que
les rôles qu'interprète un acteur influencent son système immunitaire et son taux de cortisol. Jouer dans
une comédie stimule la fonction immunitaire et
réduit le degré d'hormone de stress, tandis que jouer
dans une tragédie a un effet physique néfaste. Le
corps n'établit pas de distinction entre les émotions
ressenties pendant le jeu et celles vécues dans la vraie
vie. Les unes comme les autres ont un effet.

Les activités physiques agréables — comme
caresser un chien ou recevoir un massage — stimulent certaines hormones grâce auxquelles nous nous
sentons plus paisibles et plus aimants les uns envers
les autres. Nous sommes nés pour être touchés et

pour toucher autrui. C'est à cela que sert notre corps. Il nous permet de nous exprimer par le toucher, le mouvement, la parole et les démonstrations d'affection.

Votre cœur vous connaît mieux que votre tête. Prêtez l'oreille à ce qu'il dit et demeurez en contact avec les messages que vous envoie votre corps. Les exercices de ce chapitre vous aideront à utiliser votre corps pour améliorer la santé de votre âme.

Exercice 6

RECEVEZ UN MASSAGE

Évacuez du stress

Les massages peuvent se révéler très thérapeutiques, car, lorsque nous sommes touchés, cela modifie positivement la composition chimique de notre corps. Entre autres, certains facteurs viennent supprimer la douleur et stimuler la croissance et le système immunitaire.

Cet exercice consiste à recevoir un massage. Envisagez la possibilité d'en recevoir un ou plusieurs fois par semaine pendant un mois et remarquez quel effet cela a sur vous. Trouvez-vous un massothérapeute ou demandez à un proche de s'y essayer. Utilisez des huiles parfumées, mettez de la musique relaxante. Pendant le massage, laissez votre esprit vagabonder à son gré ; restez en contact avec les émotions qui surgissent pendant que l'on vous touche et prenez le temps de les explorer dans votre journal ou avec quelqu'un en qui vous avez confiance. Le massage thérapeutique est un outil qui peut vous aider à rétablir des rapports physiques normaux et sains.

N'oubliez pas de masser également ceux que vous aimez. Toute activité qui favorise le contact humain est apaisante. Cela peut être aussi simple que de frictionner le cou et les épaules de quelqu'un. Il est aussi très recommandé de vous masser les pieds de temps à autre.

Exercice 7

CARESSEZ UN ANIMAL À FOURRURE

Doux et chaud

Plusieurs études montrent qu'il est bénéfique de posséder un animal de compagnie et de s'en occuper. Tout comme le contact humain fait fluctuer le niveau hormonal, le fait de caresser un animal peut abaisser la tension artérielle et améliorer l'humeur.

Si vous possédez un animal de compagnie, passez du temps avec lui chaque jour, caressez-le doucement et transmettez-lui des pensées affectueuses. Apprenez à vous connaître mutuellement par le toucher et le jeu. Les animaux sont très intuitifs et ils peuvent vous aider à mieux vous connaître et à développer votre intuition et votre communication non verbale. Si vous ne possédez pas d'animal de compagnie, pensez à en adopter un. N'importe quel genre d'animal fera l'affaire, en autant que vous puissiez nouer une relation avec lui et lui montrer de l'affection − si vous n'aimez pas les chiens, pourquoi pas un chat, un oiseau, un poisson, un reptile ou tout autre animal? Vous récolterez tous les bienfaits que procure une relation agréable avec un animal de compagnie. Pour en savoir plus, allez au chapitre 11.

Si vous n'avez pas et ne pouvez pas avoir un animal de compagnie, rendez-vous à un refuge pour animaux et passez du temps avec ceux qui s'y trouvent ; ils sont toujours heureux d'avoir de la compagnie. Allez promener un chien, prenez une portée de chatons dans vos bras. Enfin, si vous n'arrivez pas à mettre la main sur un animal à sang chaud, commencez par un ourson en peluche et remontez la chaîne animale à partir de là.

Exercice 8

ALLEZ MARCHER

Les yeux ouverts, les yeux fermés

Lorsque nous faisons bouger notre corps, nous créons un environnement interne que tous les médecins de toutes les spécialités qualifieraient de thérapeutique. Lorsque nous marchons, nous nous donnons l'occasion d'être attentifs à nous-mêmes et d'entendre notre voix intérieure.

Éloignez-vous donc des distractions et allez marcher dans la nature. C'est une façon merveilleuse d'entrer en contact avec la terre sur laquelle nous vivons. Faites trois sortes de promenade, chacune d'une durée d'au moins une heure. Pour la première, allez marcher seul, sans distraction. Prenez le temps de voir la beauté qui vous entoure et d'être à l'écoute de vos pensées ; remarquez les sensations qui se manifestent dans votre corps. Concentrez-vous sur votre environnement physique − la diversité des formes et des couleurs, l'effet de la brise sur les plantes et les arbres. Arrêtez-vous pour contempler les herbages et les jolies petites fleurs qu'ils abritent. Donnez-vous le temps d'être, et remarquez comment votre vision de la vie et de la nature se modifie lorsque vous apprenez à voir vraiment ce qui se trouve devant vous. Faites la deuxième promenade dans le même esprit et de la même façon, mais cette fois-ci avec votre animal de compagnie, et remarquez ce qui l'attire.

Pour la troisième promenade, invitez un ami ou un membre de votre famille en qui vous avez confiance à venir marcher avec vous au parc ou dans la forêt. Demandez à cette personne de vous bander les yeux et de vous guider jusqu'aux arbres et aux fleurs afin que vous puissiez les toucher, les sentir et en faire l'expérience sans les voir. Remarquez comme vos sens s'aiguisent et tout ce que vous apprenez du monde physique au cours de cette promenade.

Exercice 9

ALLEZ AU GYM

Entraînez-vous

L'activité physique régulière procure de nombreux bienfaits : entre autres, elle stimule le système immunitaire, réduit le stress, accroît l'acuité mentale, a des effets antidépresseurs et antivieillissement, et plus encore. Que vous leviez des poids, pratiquiez une activité aérobic ou bougiez sous une forme ou une autre, c'est bénéfique. Et tel est le but de cet exercice : vous amener à vous entraîner régulièrement.

Trouvez un endroit où vous aimerez vous entraîner. Cela peut être à la maison, au parc, dans un gymnase privé ou public. Évaluez toutes les possibilités ; quel environnement vous motivera le plus ? Y arriverez-vous seul ou avez besoin de l'encadrement d'un groupe pour persévérer ? Certains gymnases privés sont décontractés, alors que d'autres sont très sophistiqués, axés sur la performance et coûteux. Lequel vous conviendra le mieux ? Vous devez choisir un endroit où vous vous sentirez à votre aise et pourrez enchaîner vos exercices sans interruption.

Commencez par un programme simple puis étoffez-le peu à peu. Par exemple, vous pouvez au début vous contenter de courir sur le tapis ou de soulever des poids pendant 20 ou 30 minutes. Certaines personnes trouvent utile d'engager un entraîneur personnel qui leur établira un programme approprié. Éveillez lentement votre corps au plaisir de bouger et de s'entraîner et laissez-le découvrir ce dont il est capable. N'essayez pas de retrouver la forme du jour au lendemain. Donnez-vous le temps de vous entraîner et de vous développer, et après chaque séance, soyez fier de ce que vous avez accompli.

Exercice 10

ESSAYEZ QUELQUE CHOSE DE NOUVEAU

Terre, air ou mer

Faire quelque chose qu'on n'a jamais tenté auparavant est une excellente façon d'entrer en contact avec son corps et de surmonter ses peurs, innées ou acquises. Cela demande du courage mais vous apporte un tout nouvel éventail de sensations à éprouver ; cela vous fait vous sentir vivant. Pour cet exercice, choisissez trois activités que vous avez toujours désiré essayer, ou n'avez pas faites depuis votre enfance, et faites-les.

Pensez à des activités qui vous plaisaient lorsque vous étiez enfant, comme sauter à la corde, jouer au ballon captif, nager, faire du patin à roulettes ou du vélo, jouer au ballon. Quelle est l'activité que vous aimiez mais avez délaissée lorsque vous êtes devenu « trop vieux » ? Y a-t-il un sport ou un jeu dans lequel vous auriez aimé exceller mais auquel vous n'avez jamais donné suite ? Redevenez un enfant et tentez votre chance. Ou attaquez-vous à une activité qui vous attire actuellement : apprenez à danser la salsa, à sauter en parachute, à faire de la plongée, du saut à l'élastique, de l'escalade, du surf, ou à jouer au billard. Suivez un cours au besoin. Même si vous ne faites qu'un tour de montagnes russes, offrez à votre corps des sensations fortes. Faites en sorte que votre corps sache que vous aimez la vie et les sensations qu'elle procure.

L'HUMOUR VOUS CONDUIRA AU BUT

3

…quelle que soit la course à laquelle vous participez

Nous devrions considérer chaque jour où nous n'avons pas dansé au moins une fois comme un jour perdu. Et nous devrions déclarer fausse toute vérité n'ayant pas été accompagnée d'au moins un rire.
— **FRIEDRICH NIETZSCHE**

3ᵉ conseil de l'entraîneur

En prenant de l'âge, il est essentiel de maintenir un sens de l'humour juvénile et de laisser l'enfant en soi s'exprimer; sinon, la vie risque de devenir oppressante et difficile. Je sais d'expérience à quel point il nous est facile de nous attarder à ce qui nous trouble plutôt qu'à ce qui nous fait du bien et nous nourrit. Notre âme est légère, et nous devons être disposés à voir le côté léger de la vie et à faire en sorte de rire chaque jour.

Lorsque nous étions enfants, l'humour nous venait spontanément. En tant qu'adultes, il nous faut faire un effort pour injecter de l'humour dans notre vie. Je m'efforce de voir les choses avec les yeux d'un enfant lorsque je suis dans le monde. Je suis les directives à la lettre. Si on me dit « signez ici », j'écris « ici » sur la ligne. Cela donne de la légèreté aux choses et permet de les garder dans la bonne perspective. Lorsque j'achète des billets de loto, je demande toujours à la vendeuse si elle m'épousera si je gagne. Certaines réponses ont été des plus intéressantes ! Je réclame aussi les rabais accordés aux personnes âgées sans tenir compte du jour où ils sont offerts, en expliquant au commis que puisque de toute façon les personnes âgées ne peuvent se rappeler quel jour on est, je veux ma réduction.

Cela prend du courage pour faire le clown. Il faut avoir une bonne dose d'estime de soi et ne pas se soucier du jugement d'autrui. Voici un autre exemple : au bout de notre allée de garage se trouve une boîte aux lettres juchée à cinq mètres du sol. Sur l'un de ses côtés, nous avons peint les mots « poste aérienne ». Tous les employés du bureau de poste connaissent notre maison. Mais le plus important est qu'en faisant le clown, vous réveillez et rencontrez le clown qui sommeille en autrui ; vous découvrez ainsi des enfants de tous âges. J'ai déjà franchi les limites d'un lieu où une affiche proclamait « Personne n'est admis » et déclaré au gardien « Je ne suis pas une personne ». Le gardien s'est attiré mon respect et une étreinte lorsqu'il m'a promu au rang de « personne » − et j'ai dû partir.

Il m'est même arrivé une fois de me vêtir comme une infirmière à un dîner du service de chirurgie. J'ai emprunté un uniforme au bureau du personnel, ajouté des ballons en guise de seins, une perruque et ma femme m'a maquillé. Et, comme Dustin Hoffman dans *Tootsie*, j'ai pris le micro et prononcé un discours intelligent et enflammé. J'ai été renversé par les commentaires positifs que j'ai récoltés le lendemain à l'hôpital. Grâce au sens de l'humour, tout devient plus facile à digérer.

C'est merveilleux lorsque votre tendance à rire réveille l'enfant qui sommeille à l'intérieur d'une autre personne ; vous passez tous les deux une bien meilleure journée. Dernièrement, au bureau de poste, le commis m'a débité une série de blagues tout en s'occupant de mon colis. Je lui ai dit que j'allais poster des boîtes vides uniquement pour venir au bureau de poste écouter ses plaisanteries.

L'humour nous aide à traverser les pires épreuves. Les exercices de ce chapitre vous donnent des idées et des suggestions susceptibles de ramener l'humour dans votre quotidien et de réjouir votre âme.

Exercice 11

TENEZ UN JOURNAL DE SOURIRES

L'humour au quotidien

Tout au long de ma vie, j'ai eu tendance à noter les événements douloureux, mais pas ceux qui étaient drôles ou thérapeutiques. J'ai dû apprendre à prêter davantage attention à ces derniers. Ainsi, je n'emmagasine pas à l'intérieur de moi que les épreuves mais aussi les joies. Comme règle générale, je vous suggère de prendre des notes afin de demeurer conscient des moments significatifs de votre vie.

Cependant, pour la semaine qui vient, soyez plus précis. Conservez avec vous un petit carnet et chaque fois que vous souriez ou riez, inscrivez-y de manière détaillée ce qui s'est passé. Décrivez les événements qui vous font sourire, des courriels aux rencontres imprévues au supermarché. Relisez vos notes chaque soir, avant d'aller au lit, et encore une fois le matin pour vous disposer à passer une autre journée remplie de joie.

Remarquez quel genre d'humour vous plaît et provoque votre rire d'enfant. Ce journal deviendra pour vous une ressource à laquelle vous pourrez vous référer lorsque les nuages envahiront votre ciel et vous dissimuleront le soleil. Vous découvrirez que vous pouvez créer votre propre beau temps.

Exercice 12

RACONTEZ UNE HISTOIRE DRÔLE

Histoire et rire

Lorsque vous riez, vous transcendez les aspects matériels de votre vie et de vos problèmes. Raconter des histoires drôles à sa famille et à ses amis est un bon moyen de se lier aux autres et d'avoir du plaisir.

Pour cet exercice, sélectionnez des extraits de votre vie qui vous font rire et racontez-les à ceux que vous aimez. Si vous ne savez pas trop comment vous y prendre, organisez un repas familial suivi d'une soirée autour de vieilles photos, de vidéos et d'histoires vécues. Cela vous rapprochera tous, guérira de vieilles blessures et vous aidera à sourire au passé.

Demandez à vos amis et notamment à des parents plus âgés de vous faire part de leurs souvenirs. Pour lancer la séance, il vous suffit de leur poser des questions ayant trait aux temps passés. Croyez-moi, vous vous retrouverez bien vite plongé dans l'humour et l'amour.

Exercice 13

REGARDEZ UNE COMÉDIE

Rire ensemble

Vraiment, le rire est la meilleure des médecines. Dans son livre *La Volonté de guérir*, Norman Cousins décrit comment le fait de regarder des vidéos d'une émission comique, *Candid Camera*, a eu sur lui un effet thérapeutique. Des études révèlent que le seul fait de savoir qu'on va regarder une comédie modifie la chimie interne du corps.

Cet exercice ne pourrait être plus facile. Réservez-vous une soirée pour regarder un film comique chez vous, avec votre famille et vos amis, pour le seul plaisir de rire ensemble. Ce sont là des moments précieux dont on se souvient toujours. Maintenant, n'allez pas vous disputer sur le choix du film : je vous prescris une dose initiale de Mel Brooks suivie d'une injection revigorante de Woody Allen. Ou encore, offrez le cinéma à tout votre monde et veillez à passer ensuite du temps ensemble à vous remémorer les meilleures blagues et à rejouer les scènes qui vous ont le plus fait rire.

Votre univers ne sera pas secoué par une catastrophe parce que vous n'êtes pas sérieux à chaque instant de votre vie, en fait, vous pourriez bien au contraire en éviter une, car l'humour guérit les blessures. Qui s'emporte contre un clown? Détendez-vous donc et trouvez quelque chose qui vous fera rire!

En passant, si vous devez faire un long voyage en auto avec votre famille et avez envie de bien en profiter, apportez un CD ou un ruban de *The 2000 Year Old Man* — L'Homme de 2000 ans — de Mel Brooks avec Carl Reiner et faites-le jouer pendant le trajet. Mais assurez-vous de ne pas quitter la route des yeux lorsque vous éclaterez de rire.

Exercice 14

LISEZ DES BANDES DESSINÉES

Rire chaque jour de la semaine

Voici un autre exercice facile : prenez le temps de lire les bandes dessinées des journaux. Cela en vaut le coup non seulement parce qu'elles vous feront rire mais aussi parce qu'elles contiennent des perles de sagesse sur la nature de la vie. Charlie Brown et Blondie font partie de mon rituel matinal et ils m'aident à commencer la journée avec un sourire complice.

La prochaine fois que vous lirez les bandes dessinées de votre journal, découpez celle qui vous fait rire. Affichez-la à l'endroit où elle vous sera le plus utile, comme sur votre réfrigérateur, un tableau d'affichage ou au travail — afin que chaque fois que vous la verrez, vous sourirez et garderez le moral. Partagez celles que vous préférez avec vos amis et votre famille afin qu'ils puissent eux aussi rigoler.

Apportez-les lorsque vous rendez visite à un ami malade qui a bien besoin de rire. Et n'oubliez pas votre médecin non plus.

Exercice 15

SOYEZ IMPRÉVISIBLE

Faites rire les gens

Si vous mettez de la variété et de l'humour bon enfant dans votre vie quotidienne, vous rendrez forcément celle-ci plus intéressante. Par exemple, chaque fois que je vais chercher une pizza que j'ai commandée chez Ernie's Pizza, je demande si mes mets chinois sont prêts. Le patron me connaît et rit, mais son personnel me répond toujours que je ne me trouve pas dans le bon restaurant et essaie de me faire comprendre où je devrais être. Eh bien, devinez ce qui m'attendait lorsque je suis allé chercher une pizza la dernière fois? Eh oui! Trois contenants de mets chinois et tout le restaurant en délire.

L'amour et l'humour est bénéfique tant à celui qui donne qu'à celui qui reçoit. Créer une situation qui fait rire les gens remonte le moral de tous. Trouver le moyen de faire le contraire de ce qui est normalement attendu empêche la vie de devenir terne et ennuyeuse. Jouer des tours est bon pour l'âme.

Pour garder vivant l'enfant en vous, et pour cet exercice, faites trois choses imprévues. Il peut s'agir de petites choses — comme vous assoir avec votre enfant pour dessiner et colorier uniquement à l'extérieur des traits, ou faire des invitations à un dîner où vous allez servir un petit déjeuner. Soyez créatif. La rue sur laquelle j'habite est une impasse, et sur l'écriteau indiquant «no outlet» — qui se traduit en français par «sans issue» mais aussi par «sans prise de courant» — j'en ai ajouté un autre qui dit «apportez vos piles». Imitez Bernie : trouvez chaque jour excitant et réveillez l'enfant qui sommeille en chacun.

RÉCHAUFFEZ VOTRE VOIX

4

Trouvez votre voix
et poussez votre chanson

Lorsque nous avons le courage de faire entendre
notre voix — de briser le silence — nous incitons les
«timides» de notre société à parler à leur tour et à
faire connaître leur avis.
— SHARON SCHUSTER

4ᵉ conseil de l'entraîneur

Parfois, faire entendre sa voix et dire ce qu'on pense
et ressent est la chose la plus difficile à faire. Nous
avons été élevés en étant entourés de tant de voix qui
nous disaient quoi penser, dire et faire, qu'il nous est
souvent très ardu de simplement entendre notre voix
intérieure.

Par conséquent, nous enfouissons nos sentiments
au lieu de trouver notre voix, d'exprimer nos besoins
et de dire franchement ce que nous ressentons à ceux
qui s'en informent et s'en soucient réellement. Nous
perdons notre aptitude à nous relier à autrui. Il va de

soi que vous n'avez pas envie de confier à de parfaits étrangers au supermarché ce que vous éprouvez vraiment lorsqu'ils vous demandent « Comment allez-vous ? ». Mais vous n'en êtes pas pour autant obligé de dissimuler la vérité, et ce n'est qu'en se montrant honnête que l'on peut amorcer une conversation significative.

Dernièrement, j'ai demandé à une salle remplie d'enfants de neuf ans « Comment allez-vous ? ». J'ai obtenu 21 « Bien » ou « Très bien ». Je leur ai ensuite demandé « Est-ce vraiment vrai ? ». Ils ont tous secoué la tête pour me signifier que non. On nous enseigne très tôt dans la vie à nous censurer face aux autres, mais si vous souhaitez vivre sainement et pleinement en tant qu'adulte, vous devez trouver votre voix et parler franchement. C'est tout à fait correct d'être un éléphant-carburateur. Un enfant m'a confié que c'est ce dont le professeur l'avait accusé d'être. Il appert qu'en fait il exprimait son opinion, ce qui lui valu d'être qualifié « d'élément perturbateur ».

Afin de réussir à parler en toute franchise, nous devons d'abord arriver à distinguer notre propre voix de toutes les voix autoritaires qui résonnent dans notre tête. Quelles voix de votre passé continuent de se faire entendre en-dedans de vous ? Ces voix vous aident-elles ou vous réfrènent-elles ? Si elles ne vous aident pas, vous avez la possibilité de ne plus les écouter. Vous avez le choix. Vous pouvez couper ou censurer leurs propos négatifs et, en trouvant votre propre et véritable voix intérieure, leur imposer le silence à jamais. Pour en arriver là, il faut vous accepter vous-même et croire en votre propre valeur intrinsèque et en votre nature divine.

Les exercices de ce chapitre vous aideront à accéder à votre voix et à raffermir votre détermination à vous en servir d'une façon saine et génératrice de force.

Exercice 16

JEU DE RÔLE

Jouez le rôle d'une personne que vous admirez

Si vous pouviez être le personnage de n'importe quel film ou pièce, lequel choisirez-vous de personnifier? Souhaiteriez-vous être la reine Guenièvre de *Camelot* ou Eva Peron dans *Evita*? Tevye d'*Un violon sur le toit* ou Félix dans *Drôle de couple*? Pour cet exercice, identifiez le personnage dont vous admirez les actes et les qualités et, pendant une semaine, essayez de l'imiter autant que possible. Demandez-vous comment ce personnage se comporterait s'il devait faire face aux circonstances de votre vie quotidienne, puis jouez le jeu. Assurez-vous de voir le film ou de lire la pièce auparavant afin que vous ayez bien le personnage à l'esprit.

Par exemple, que ferait votre personnage à votre travail quand une décision s'impose? Comment composerait-il avec une dispute avec son conjoint ou réussirait-il à garder le moral? Remarquez de quelle manière cela modifie vos interactions avec autrui et la façon dont vous vous percevez quand vous entrez ou sortez du rôle. À la fin de la semaine, après avoir fini de jouer ce jeu, continuez à intégrer les caractéristiques que vous préférez à votre propre personnalité. Et s'il vous arrive, en interprétant un rôle, de trop

« sortir du personnage », rappelez-vous de ne pas vous juger trop sévèrement. Il s'agit ici de répéter et vous exercer jusqu'à ce que vous deveniez la personne que vous souhaitez être.

Exercice 17

APPRENEZ À DIRE NON

Établissez des limites

À force de vouloir être un enfant modèle, un conjoint parfait, un employé qui ne se plaint jamais ou un patient coopératif, nous sommes nombreux à tomber dans le piège qui consiste à nous efforcer d'apaiser les autres en nous pliant à tout ce qu'ils attendent de nous. Nous perdons parfois de vue nos propres limites et nos propres besoins, et cela pourrait nous coûter la vie, tant au propre qu'au figuré. Lorsque nous sommes incapables d'établir de saines limites, nos relations en souffrent. Mais lorsque nous apprenons à dire non afin de dire oui à notre moi véritable, nous nous sentons plus forts et nos relations avec les autres s'améliorent.

Pour cet exercice, scrutez votre vie et voyez s'il vous arrive parfois de dire oui même quand vous voudriez dire non. Avez-vous fait, à la maison ou au travail, un accord implicite que vous aimeriez modifier? Choisissez-en un et pendant une semaine, refusez-le, dites non. Pendant cette période, lorsqu'on vous demande une faveur, ne répondez pas immédiatement. Dites que vous allez y réfléchir, puis prenez le temps de décider si vous voulez *vraiment* accéder à cette demande. Si vous ne le voulez pas, dites non, même si cela semble impoli. Pourquoi ? Parce qu'ainsi vous vous exercez à adopter un comportement de survie. Une femme que je connais qui a le cancer rejetait toutes les recommandations de son médecin. Il a alors cessé de lui donner des conseils et lui a expliqué sans détour ce qu'il pensait être préférable pour elle. Elle a fini par suivre la plupart de ses recommandations, mais elle a également obtenu l'information dont elle avait besoin pour avoir l'impression de jouer un rôle dans son traitement. Pour cet exercice, à la fin de la première semaine, évaluez quelles nouvelles limites vous entendez maintenir et lesquelles vous pourriez assouplir.

Mais n'ayez pas peur de continuer à dire non. Efforcez-vous de vous faire confiance en cet instant et ayez recours à votre voix véritable pour exprimer ce que vous souhaitez vraiment dire : NON ! Cessez de ménager les autres et commencez à vous dorloter.

Exercice 18

FAITES DE LA MUSIQUE

Chantez une chanson

Ma belle-mère a déjà été cantatrice, et lorsque j'attendais sa fille avant une sortie, je m'asseyais au piano et me mettais à chanter faux; c'était une véritable torture pour elle. Au bout de plusieurs années, après avoir bénéficié de son enseignement et de celui de sa fille, qui est désormais ma femme, j'ai finalement appris à chanter. L'autre jour, ma femme s'est endormie dans l'auto au cours d'une longue ballade, et j'ai commencé à chanter juste pour moi. Avant d'ouvrir les yeux, elle a dit : «La radio est-elle allumée?» C'est le plus grand compliment que j'aie jamais reçu.

Pour cet exercice, commencez à chanter chaque fois que vous en avez l'occasion, mais faites-en une obligation pendant au moins une semaine. Chantez la chanson *Comme d'habitude* — dont le titre original anglais est *My Way* —, mais chantez-la justement à votre façon et assurez-vous d'être entendu. La musique et le chant sont très thérapeutiques pour l'esprit. Le rythme propre à la musique nous met davantage en contact avec notre environnement et faire de la musique nous apprend à nous montrer plus expressifs dans tous les aspects de notre vie. Créez une chanson, composez vos propres paroles, achetez-vous une batterie, transformez votre vie en chanson. Nous formerons le chœur qui vous accompagnera.

Si vous souhaitez faire un pas de plus, prenez des leçons de chant. Cependant, même si vous ne prenez pas de leçons, réservez-vous du temps chaque jour pour chanter. Si, comme moi, vous n'êtes pas très doué, épargnez votre famille et chantez sous la douche ou seul, dans votre auto. Après tout, il a fallu des années pour que ma femme apprécie mon chant.

Exercice 19

EXPRIMEZ-VOUS

Apprenez à grogner

Un autre moyen que nous employons pour étouffer notre véritable voix est de réprimer nos sentiments, mais cela nous fait du tort tant sur le plan émotif que physique. Il nous faut être capables d'exprimer nos sentiments et de demander ce dont nous avons besoin. Pensez à quelque chose que vous souhaitez demander, ou à quelque chose que vous n'avez jamais dit mais aimeriez confier. Quelle est la pire chose qui pourrait vous arriver si vous trouviez le courage de parler ? La façon dont les gens réagiront leur appartient. Mais vous seul êtes responsable de vous exprimer.

La colère peut être l'émotion la plus difficile à exprimer, particulièrement pour les femmes. Si l'on vous manque de respect, il est approprié que vous manifestiez de la colère ; c'est un comportement de survie. Dans la nature, c'est ce à quoi on s'attendrait. Il y a plusieurs années, un serpent venimeux menaçait de mordre nos enfants alors qu'ils jouaient dehors. Je suis sorti et lui ai demandé d'avoir l'obligeance de ne pas mordre les enfants. Une semaine plus tard, je suis retourné remercier le serpent de ne pas avoir mordu nos enfants. Il était couvert de meurtrissures. Je lui demandé ce qui lui était arrivé. Il m'a répondu : « Tes enfants ne me craignent plus, et par conséquent ils marchent sur moi lorsqu'ils jouent. »

J'ai rétorqué : « Je t'ai demandé de ne pas les mordre. Je ne t'ai pas interdit de siffler. »

Pour cet exercice, prenez cette leçon à cœur. Exercez-vous à grogner et à siffler. Commencez par grogner devant le miroir. Exprimez ces sentiments. Au début, faites-le seul, puis, si c'est approprié, faites part de ces sentiments à la personne concernée. Si cela implique les membres de votre famille, expliquez-leur ce que vous faites, et n'oubliez pas que la colère éprouvée envers une personne et l'amour ressenti à son endroit peuvent coexister.

Exercice 20

PRONONCEZ UN DISCOURS

Faites-vous entendre

Il est inutile d'avoir une voix si on ne s'en sert pas. Dieu n'aurait pas créé autant de créatures bavardes si elles n'étaient pas censées employer leur voix. Les enfants et les animaux savent que lorsqu'on veut quelque chose, on le manifeste bruyamment.

À mesure que vous découvrez votre voix grâce aux exercices de ce chapitre, commencez à vous en servir pour vous faire entendre. Pour cet exercice, prononcez un discours et faites part de vos idées aux autres. Nous éprouvons peut-être beaucoup de difficulté à nous exprimer en public en raison de notre éducation. Nos parents et nos professeurs nous ont ordonné d'être tranquilles et de ne déranger personne. La plupart des gens ont peur de prendre la parole, et l'idée de prononcer un discours peut engendrer de la panique, mais c'est une excellente façon de se faire entendre et d'acquérir de l'assurance en soi et en sa voix.

Trouvez un club comme celui des Toastmasters, inscrivez-vous à un atelier de prise de parole, ou offrez de prononcer un discours devant une association comme celles des parents d'élèves. Composez votre discours sur un sujet que vous connaissez bien. Puis, exposez toutes ces notions merveilleuses qui vous tiennent à cœur et remarquez à quel point c'est libérateur.

5

*Formez votre équipe et participez au
championnat mondial de la vie*

Se réunir est un début ; rester ensemble est un
progrès ; travailler ensemble est la réussite.
— HENRY FORD

5ᵉ conseil de l'entraîneur

De nature, les humains sont des êtres sociables : ils
ont besoin, tout au long de leur vie, d'être soutenus
par les autres et d'entretenir des relations avec eux.
Appuyer quelqu'un est bénéfique autant à celui qui
donne qu'à celui qui reçoit ; de plus, cela crée un
réseau de soutien sur lequel on peut compter en
période difficile. Ceux qui ont reçu ce genre de soutien et d'amour de leur famille et de leurs amis ont de
la chance. D'autres ne l'ont jamais connu, ou uniquement sporadiquement. Quoi qu'il en soit, nous devons
tous nous exercer à travailler en équipe. Lorsque le
match commence, il faut que chaque position soit

occupée et que tous les joueurs sachent jouer ensemble.

Qui fait partie de votre équipe ? Avez-vous besoin d'un plus grand nombre de joueurs ? Vous portez-vous à la rescousse des autres membres de l'équipe lorsqu'ils ont des problèmes ? Une équipe doit travailler de concert pour le bien commun. Chaque membre doit être disposé à écouter les autres et à se montrer disponible en cas de besoin. Il est facile de se soucier tellement de soi qu'on en oublie que les autres comptent sur nous autant que l'on compte sur eux. Discutez de ce que vous vivez avec vos amis et votre famille, et écoutez-les lorsque c'est à leur tour de se confier : votre compréhension mutuelle et votre intimité se développeront tandis que votre esprit d'équipe s'affermira.

Les exercices de ce chapitre vous aideront à recruter des membres susceptibles de former une équipe solide qui vous soutiendra dans ce que vous vivez.

Exercice 21

CRÉEZ UN ALBUM-SOUVENIR

Rassemblez les pièces

Il est aussi important de faire le point sur son passé que sur son présent, et créer un album-souvenir est un excellent moyen d'y parvenir. Cette activité peut se révéler aussi émouvante que révélatrice, particulièrement lorsqu'on veut évoquer le souvenir et célébrer l'équipe qui nous a permis de nous rendre là où nous en sommes rendus. Une fois terminé, cet album-souvenir deviendra un témoin du passé pour les générations à venir.

Rendez-vous dans un magasin de matériel d'artisanat et procurez-vous un album dont la couverture est significative, ainsi que les autres articles dont vous aurez besoin pour réaliser votre projet, comme des autocollants et des feuilles de papier spécial. Commencez par sortir vos vieilles boîtes de photos et de souvenirs. Ouvrez tous les tiroirs et les contenants qui traînent depuis des lustres dans la maison. C'est un peu décourageant au début mais, croyez-moi, cela deviendra moins fastidieux une fois que vous vous y serez mis. À mesure que vous passerez à travers tous ces articles, vous revivrez votre histoire et l'histoire de votre famille. Ces articles participent à votre immortalité, eux aussi.

Créez votre album-souvenir comme cela vous plaît; respectez la chronologie ou triez les gens et les événements en fonction de thèmes, comme les mariages, les anniversaires, les vacances, les meilleurs amis, les sports, les prix remportés, etc. Collez les articles et les photos dans l'album en y ajoutant des légendes afin que tout le monde, y compris les futurs membres de votre famille, puissent apprécier l'album au cours des années à venir. Notez sur les feuillets des commentaires, des détails, des souvenirs et tout ce que vous aimeriez partager. Nous l'avons fait pour tous nos enfants afin qu'ils connaissent leurs ancêtres.

Tout en créant votre album, assurez-vous de revivre tous les événements que vous documentez, que vous les ayez vécus avec votre famille, vos amis, vos connaissances, vos animaux de compagnie ou d'autres personnes qui vous ont soutenus et encouragés lors de ces moments marquants de votre vie. Ensuite, bien entendu, lorsque vous aurez terminé l'album, montrez-le à ceux qui vous sont chers. Riez de ce qui vous a autrefois dérangé, et chérissez l'amour qui continue d'être présent dans ces souvenirs.

Exercice 22

UN REPAS-PARTAGE

Organisez une fête

Organiser une fête est une excellente façon de réunir les amis et la famille. Pour faire changement, organisez un *surprise party*. Invitez tout le monde, mais sans leur dire pourquoi. Lorsqu'ils arriveront, ils seront agréablement surpris de découvrir que ce sont eux que l'on fête et non pas l'hôte, et qu'ils pourront s'amuser sans qu'on attende quoi que ce soit d'eux.

Encore mieux, consolidez les liens de votre équipe d'amis et de membres de la famille en organisant régulièrement un repas-partage. Chacun recevra à tour de rôle, mais veillez à ce que l'hôte n'ait rien à préparer et que ce soit les invités qui apportent tout le nécessaire. Un repas-partage permet aux invités d'étaler leur créativité et de contribuer d'une façon spéciale et significative.

Au cours de ces repas, lorsque tout le monde s'amuse bien et est détendu, proposez que chacun raconte des histoires tirées de son passé. Vous pouvez apporter de vieilles photos et des vidéos faisant voir les personnes présentes. En les montrant, racontez l'histoire qu'ils rappellent et demandez à chacun d'ajouter son grain de sel. Si possible, remettez-leur des copies qu'ils pourront rapporter chez eux et regarder à leur gré, alors qu'ils apprécieront ces liens durables. Au fil du temps, notez les histoires qui sont racontées ; elles feront elles aussi de beaux présents. Vous vous serez réunis pour un repas-partage, mais le résultat final aura une saveur bien particulière.

Exercice 23

FAITES-VOUS UN AMI

Plus on est de fous, plus on rit

Les amis constituent une part importante de votre équipe, et on n'en a jamais trop. La prochaine fois que vous soulignerez un événement spécial ou célèbrerez une fête, invitez un voisin ou un collègue dont vous n'êtes pas très proche à vous joindre à vous. Si vous en avez le courage, faites-en davantage et organisez un événement pour les gens dans le besoin ou invitez-les chez vous où ils pourront passer une belle journée et savourer un bon repas. Lorsque le moment vous paraîtra approprié, donnez à chacun des invités l'occasion de révéler ce qui, dans leur vie, suscite leur gratitude.

Et voici tout un défi : invitez un ennemi. La gentillesse est une arme puissante propre à transformer un ennemi en ami. Même si la personne en question refuse votre invitation, le seul fait que vous l'ayez invitée risque de modifier votre relation. Frappez-la avec une arme puissante, la gentillesse.

Nous sommes trop souvent portés à oublier que la plus petite manifestation de gentillesse crée un changement. Souriez donc à votre voisin chaque fois que vous le croisez et fixez la date de votre prochaine fête.

Exercice 24

REDONNEZ

Engagez-vous dans votre communauté

Qu'est-ce qu'une communauté? À mes yeux, l'ensemble de la planète constitue une communauté. Nous avons besoin les uns des autres pour survivre. Le Créateur a certes compliqué un peu les choses, mais c'est assurément plus intéressant ainsi. Je ne peux pas toujours expliquer pourquoi nous avons besoin de tel insecte, de tel serpent, de tel poisson ou de telle personne, etc., mais il semble que nous soyons tous nécessaires. Tous nos actes et leurs effets sont reliés entre eux. Vous aussi faites partie de cette très grande communauté. Il n'y a pas d'exception.

Pour cet exercice, vous devrez apporter votre contribution à une communauté élargie — qu'il s'agisse de votre ville, de votre État, de votre pays ou du monde. Enrôlez-vous dans un programme de recyclage ou d'aide publique. Œuvrez auprès des enfants et montrez-leur à respecter la communauté qu'est notre planète.

Si possible, engagez-vous aussi sur le plan financier. Donnez à des œuvres caritatives de votre choix — si ce n'est de l'argent, donnez du temps et de votre savoir-faire. Chaque fois que vous prenez une décision, demandez-vous : «Ce que je fais est-il bon, non seulement pour moi mais aussi pour ma communauté?»

Ultimement, l'une des meilleures façons de s'engager est de se faire élire au conseil municipal. Vous pourrez ainsi veiller directement à ce que chaque décision soit la meilleure pour votre communauté, à court et à long termes.

Exercice 25

JOIGNEZ-VOUS À UN GROUPE DE SOUTIEN

Obtenez du soutien

Les gens souffrent d'un problème très élémentaire… ils se font du souci. Ils s'inquiètent du lendemain et imaginent le pire. Ils ont donc besoin de soutien pour affronter leurs peurs et leurs inquiétudes, dont un grand nombre ne se réaliseront jamais — mais peu leur importe quand ils ne voient que leurs préoccupations.

Qu'est-ce qui vous inquiète? Pour cet exercice, joignez-vous à un groupe de soutien sur la question ou créez-en un. Si vous choisissez d'en créer un, recrutez les membres de votre famille et les amis qui partagent les mêmes soucis et rencontrez-vous une fois par semaine. Créez votre propre chapitre d'«Inquiets anonymes»; les gens vont adorer.

Pourquoi un groupe de soutien, qu'il soit formé des membres de votre famille biologique ou d'autres personnes, est-il utile? Parce que les gens du pays savent comment s'entraider. Lorsque vous traversez une période difficile, vous n'avez pas le goût de recevoir les prétendus conseils de touristes qui n'ont pas la moindre idée de ce que vous ressentez. On ne vit pas les événements marquants de façon intellectuelle, ce n'est pas comme si on lisait un diagnostic ou la description d'une catastrophe ; ce sont des expériences émotives propres à chaque participant. Les groupes de soutien réunissent des personnes empathiques, qui ne portent pas de jugement mais s'aident mutuellement à surmonter des problèmes similaires. Les membres d'un groupe de soutien vous écouteront raconter votre histoire et vous raconteront la leur afin que vous puissiez acquérir de la sagesse et ne pas avoir à tout résoudre seul.

Une mise en garde toutefois : certains groupes et certains individus semblent se complaire dans leurs problèmes parce que cela leur attire de l'attention. Si vous vous retrouvez dans un « groupe de victimes », n'y retournez pas ; trouvez-en un autre qui est axé sur l'amour et la guérison.

CHAPITRE   ÉCOUTEZ VOTRE CŒUR

Faites les choses que vous aimez

Aimer ce que l'on fait et sentir que cela compte —
qu'y a-t-il de plus agréable ?
— KATHARINE GRAHAM

6ᵉ conseil de l'entraîneur

C'est avec votre cœur et non votre tête que vous devriez décider de la manière dont vous vivrez. Vous avez été créé pour faire ce que vous aimez. Lorsque votre cœur est comblé et joyeux, cela se reflète sur la santé de votre corps, de votre esprit et de votre âme. Votre vie sera plus satisfaisante si vous faites des choix en fonction de votre cœur.

Si vous faites ce que vous aimez dans votre travail ou votre carrière, vous n'aurez jamais l'impression de travailler. Combien d'entre nous ont ce bonheur ? Le taux de maladies et de mortalité est plus élevé le lundi que tout autre jour de la semaine, car bien des gens ont un emploi qui ne leur plaît pas et qui leur sert uniquement à gagner leur vie. Certains choisissent une carrière donnée parce qu'ils ont l'impression que c'est ce qu'ils sont censés faire, ou ils s'efforcent de gagner plus que leur voisin. Comme le dit Joseph Campbell : «On grimpe l'échelle du succès, et quand on atteint le sommet, on s'aperçoit qu'elle est appuyée sur le mauvais mur. »

Un jour, une amie médecin m'a demandé de lire un article qu'elle avait écrit sur le type de personnes qui ont les meilleures probabilités de survie à un traumatisme. J'ai été frappé de voir comment ceux qui ont reçu et donné de l'amour avaient plus de chances de survivre, et après avoir lu l'article, j'ai dit à mon amie que je trouvais merveilleuse l'idée d'un «gène d'amour». Elle m'a répondu que son texte ne portait pas sur un gène d'amour mais sur un «gène de survie», mais qu'elle appréciait ma perspective. L'idée d'un gène d'amour est sensée, étant donné que lorsque nous faisons ce que nous aimons, nous modifions notre physiologie et pouvons accomplir des miracles.

Il faut parfois une crise existentielle pour que nous commencions à écouter ce que notre cœur nous dit. J'ai vu des gens qui, apprenant qu'ils n'en avaient plus pour longtemps à vivre, cessaient de faire ce qui les ennuyait et commençaient à faire ce qu'ils aimaient. Une des mes connaissances, ayant appris qu'il ne lui restait que quelques mois à vivre, a choisi de déménager dans les montagnes du Colorado.

Voyant que personne ne m'invitait à ses funérailles, j'ai téléphoné à sa femme. Mais c'est l'homme qui a répondu et m'a dit : « C'est si beau ici que j'en ai oublié de mourir. »

Faites donc ce que vous aimez. Peut-être vous fatiguerez-vous physiquement, mais vous ne vous lasserez jamais de votre vie ! En éliminant la vie qui vous tue, vous sauvez votre véritable vie.

*Exercice **26***

CUISINEZ UN PLAT

Nourrissez-vous

Certaines personnes adorent cuisiner, tandis que pour d'autres c'est du travail; les premières trouveront donc cet exercice facile, les secondes plus difficile. Étant donné que nous devons tous manger, pourquoi ne pas préparer quelque chose qui nourrisse aussi bien le cœur et l'âme que le corps?

Je pense que cuisiner est une forme d'art très créative, et j'admire les personnes qui y excellent. Je suis actuellement en train d'apprendre de gens très doués en la matière. C'est un réel plaisir de créer un repas qui soit à la fois réjouissant et nourrissant, et tel est le but de cet exercice. Trouvez-vous une recette qui excite vos papilles et stimule votre talent, puis réalisez-la pour votre famille et vos amis. Faites-en un événement spécial : mangez dans la salle à dîner, sortez la vaisselle des grandes occasions, faites brûler de l'encens ou des bougies parfumées, mettez de la musique et faites tout ce qu'il faut pour que le repas soit spécial.

Mais ne vous mettez pas de pression. Si vous n'êtes pas habile en cuisine, planifiez un repas simple. Veillez à ce que la préparation du repas demeure une activité relaxante, agréable. Soyez bien préparé, prenez votre temps. Prévoyez servir des amuse-gueule à vos invités lorsqu'ils arriveront. Prenez le temps de vraiment savourer votre création. Lorsqu'un repas sort du four de l'amour, il nourrit bien son monde. N'oubliez pas que ce que contient la recette de votre vie ne dépend que de vous.

Exercice **27**

LUMIÈRE DES ÉTOILES, LUMIÈRE DES BOUGIES

Paix et réflexion

Pendant que j'écris ces mots, ma demeure est remplie d'électriciens qui s'efforcent de découvrir pourquoi le disjoncteur principal saute régulièrement, nous laissant dans le noir. Peut-être que notre créateur me dit qu'il est temps de prendre un temps d'arrêt et de m'assoir paisiblement à la lueur des bougies ou, dehors, sous celle de la lune. Je pourrais ainsi jouir de la paix et contempler les étoiles. Il est vrai que le fait de passer trop de temps sous la lumière artificielle engendre du stress.

Lorsque ma mère a perdu la vue, l'un des avantages fut qu'elle ne pouvait plus voir sa maison et savoir si elle était malpropre ou non quand des visiteurs débarquaient. Cela lui a facilité la vie parce qu'elle n'avait plus à se soucier constamment du ménage.

Ce soir, éteignez les lumières. Installez-vous sous les étoiles et laissez la lumière de la création vous baigner. Si la météo vous en empêche, assoyez-vous paisiblement dans l'obscurité de votre demeure, allumez des bougies ou un feu dans la cheminée, et refaites le plein d'énergie. Examinez de quelles façons vous vous créez artificiellement du stress et faites le vœu de changer ces habitudes. Tout comme vous pouvez ramener la lumière dans votre foyer en ajustant le réglage du disjoncteur, vous pouvez aussi la ramener dans votre vie en ajustant vos désirs, vos attentes et votre sentiment de gratitude.

Exercice 28

INVENTEZ UN JEU

Découvrez ce que vous aimez

Lorsque vous avez recours à des méthodes créatives pour en apprendre plus sur vous, cela peut vous mener à plusieurs découvertes et révélations. Pour cet exercice, vous allez inventer un jeu de société, tiré de votre propre vie, afin de découvrir certaines choses que vous aimez faire.

Prenez un grand carton, tracez des carrés sur le pourtour, comme dans le Monopoly. Dans ces carrés, inscrivez certains événements marquants de votre passé et d'autres que vous aimeriez idéalement voir se réaliser dans l'avenir. Gardez quelques carrés vierges. Laissez vos pensées et vos sentiments circuler librement pendant que vous écrivez et notez toutes les options possibles.

Ensuite, prenez une vingtaine ou une trentaine de fiches vierges et inscrivez-y un certain nombre d'actions ou d'activités : les choses que vous aimez faire, celles qui vous font du bien, celles qui vous épuisent, celles que vous ne voulez jamais faire, etc. Si vous avez de la difficulté à en trouver, repensez à ce que vous aimiez ou n'aimiez pas enfant. Comme dans le Monopoly, trouvez un article courant qui vous représente et qui fera office de pion — choisissez un symbole positif. Puis, lancez une paire de dés et commencez à vous déplacer à travers le jeu de votre vie. Si vous aboutissez sur un carré vierge, retournez une fiche et lisez ce que vous devez faire.

C'est votre vie. Jouez le jeu et rappelez-vous que vous êtes ici pour jouer et faire ce que vous aimez. Il ne s'agit de perdre ou de gagner ; il s'agit de vivre et de jouer le jeu. Votre seule présence fait de vous un gagnant.

Exercice 29

LAISSEZ VOTRE CŒUR DÉCIDER

Questions et réponses

Il arrive qu'on s'enlise dans la routine et qu'on se retrouve constamment fatigué ou déprimé, au point où un congé ou du repos ne semble pas améliorer grand-chose. C'est que nous avons cessé de prêter attention à nos sentiments et n'écoutons plus notre cœur. Notre enfant intérieur veut être entendu et faire ce qui le rend heureux ; il veut brûler son énergie et non pas brûler vif.

Pour cet exercice, vous aurez besoin de méditer. Trouvez un endroit calme où vous ne serez pas dérangé et où vous pourrez vous détendre et écouter votre voix intérieure. Lorsque vous vous sentirez prêt, commencez par respirer profondément ; concentrez-vous sur le mouvement de votre poitrine et détendez-vous complètement. Sondez votre cœur et posez-lui les questions suivantes : qu'aimez-vous faire ? Que voulez-vous faire aujourd'hui ? Maintenant, ouvrez votre coffre au trésor et écoutez les réponses.

Soyez ouvert à tout ce que vos sentiments vous révéleront. Si vous avez besoin d'assistance pour accomplir ce que votre cœur vous commande, demandez une autre aide, spirituelle celle-là. Les réponses seront dictées par ce que votre cœur ressent, pas par ce que votre tête pense. Il vous révélera peut-être des choses surprenantes, préparez-vous donc à entreprendre un voyage de transformation.

Exercice 30

PARTICIPEZ À UN JEU-QUESTIONNAIRE

Aimez-vous ce que vous faites?

Aimez-vous votre travail ou vous ennuie-t-il? Détestez-vous sortir du lit chaque matin? Vous sentez-vous fatigué même lorsque vous n'avez rien fait d'exté-nuant? Vous arrive-t-il rarement de sourire ou de rire? Avez-vous besoin d'une dose de caféine pour fonctionner? Voici un petit questionnaire qui aidera à mettre de l'ordre dans vos idées.

Sur une échelle de 1 à 5, répondez aux questions suivantes touchant votre travail :

1= Jamais 2= Occasionnellement 3= Quelques fois
4= Souvent 5= Toujours

1. Lorsque vous êtes au travail, éprouvez-vous de la difficulté à demeurer concentré ou votre esprit a-t-il tendance à vagabonder?

2. Lorsque vous rentrez à la maison après le tra-vail, avez-vous le sentiment de ne pas avoir accompli grand-chose?

3. Vous arrive-t-il de penser, quand vous êtes au travail, à tout ce que vous pourriez faire d'autre ?

4. Rêvez-vous de quitter votre emploi et d'entreprendre une nouvelle carrière excitante ?

5. Souhaitez-vous avoir un autre patron, d'autres collègues ou d'autres clients ?

6. Avez-vous l'impression que votre travail n'est ni reconnu ni apprécié ?

7. À la fin de la journée, avez-vous l'impression que votre travail possède peu de signification ?

Relisez vos réponses. Si vous avez encerclé majoritairement des quatre et des cinq, vous avez deux options. Vous pouvez soit modifier votre attitude, soit changer de travail. Pour modifier votre attitude, vous devrez commencer à voir d'un autre œil les gens avec qui vous travaillez. Apprenez à les connaître, eux et leur vie, trouvez des moyens de leur rendre service et de les aider, et vous vous sentirez récompensé de vos efforts.

Si vous souhaitez changer d'emploi, assoyez-vous et dressez la liste de ce que vous aimez faire. Puis, demandez-vous : «Comment puis-je intégrer ces activités à une carrière?» Par exemple, si vous aimez écrire, commencez à rédiger un roman ou de la poésie, ou votre autobiographie. Ou présentez-vous au journal de votre région et demandez si vous pouvez y contribuer en tant que pigiste. Portez vous volontaire pour des emplois que vous pourriez aimer. Si vous adorez les animaux, donnez un coup de main à un refuge. Lorsque vous aurez exploré ces avenues, prenez les mesures nécessaires pour suivre votre cœur et trouver un travail que vous aimerez. Par exemple, vous pourriez vous inscrire à une école de médecine vétérinaire, devenir un agent de contrôle des animaux ou fonder un refuge pour animaux.

PROFITEZ DU SOLEIL

7

La nature nourrit

Escaladez les montagnes et abreuvez-vous de leur beauté. La paix de la nature illuminera votre esprit comme le soleil illumine les arbres. Les vents vous insuffleront leur fraî- cheur et les orages leur énergie, tandis que vos soucis se détacheront de vous comme des feuilles d'automne.
— JOHN MUIR

7ᵉ *conseil de l'entraîneur*

La nature est toujours à notre disposition, facilement accessible et l'une des meilleures façons de trouver un soulagement intérieur. Chaque fois que vous êtes stressé, troublé ou déprimé, sortez dehors et demandez à la nature de vous fournir une réponse à votre pro- blème. Puis, écoutez et observez l'eau, le vent, les oiseaux, les animaux et tout ce qui vous entoure. Vous constaterez à quel point vous vous sentez mieux lorsque la nature vous répond.

Nous sommes forcés, la plupart du temps, de supporter la cacophonie de la vie en société : les klaxons, les moteurs, les sirènes. Nous ne nous rendons même pas compte à quel point ces bruits nous sont néfastes. Quels sons vous apaisent et lesquels vous rendent anxieux ? Lorsque l'âme a besoin d'exercice, la nature est son gym.

Le plus souvent possible, laissez l'harmonie de la nature vous entourer et apaiser tous vos sens. L'observation de la nature vous aide à guérir et à demeurer calme, que vous soyez coincé dans la circulation, enfermé dans une chambre d'hôpital ou un bureau, ou en train de travailler seul à la maison. Si vous avez la chance de voir un coin de nature par votre fenêtre, votre situation vous semblera moins stressante et vous l'accepterez mieux.

Gardez le contact avec Mère Nature. Passez du temps dehors, au soleil, et ayez la foi que, peu importent les circonstances, vous survivrez.

Exercice 31

UN POÈME SUR LA NATURE

Célébrez le monde qui vous entoure

Rédiger un poème sur la beauté qui vous entoure est une façon merveilleuse d'exprimer les sentiments, les observations et la gratitude que suscitent en vous la générosité de la nature. Vous pouvez aussi apprendre à vous valoriser davantage en appréciant la nature.

Prenez votre journal, un carnet ou un joli calepin; attrapez votre stylo ou votre crayon préféré. Puis allez marcher seul au parc, sur la plage ou même dans votre cour arrière. Observez et ouvrez-vous à la beauté et à la paix qui vous entourent. Tout en vous promenant, notez mentalement ou par écrit ce que vous voyez et la façon dont cela vous touche. Je me souviens que lorsqu'un jour un faon a croisé ma route, ma conscience de la beauté de la nature s'en est trouvée aiguisée.

Après avoir passé du temps à explorer, choisissez un endroit charmant où vous assoir, et rédigez une description du monde qui vous environne. Efforcez-vous de trouver une façon originale de parler de l'océan, d'un arbre, d'une fleur ou d'un oiseau. Ensuite, commencez à en faire un poème. Je dis un poème, mais il n'est pas nécessaire qu'il y ait des rimes.

Explorez et exprimez votre vision et votre nouvelle conscience.

Laissez les mots couler sans réfléchir et sans juger.

C'est une façon merveilleuse de vous fondre dans la nature et de commencer à voir véritablement ce qui se trouve sous vos yeux. Partagez votre vision de la beauté avec d'autres personnes et relisez vos poèmes lorsque vous vous sentez à plat. Les merveilles de la nature viendront embellir votre vie.

Exercice 32

JARDINEZ

Plongez les mains dans la terre

Pour moi, jardiner est un excellent moyen de m'immerger dans la nature et de collaborer à la création. Me réserver du temps pour être dehors et travailler la terre est l'une des activités les plus gratifiantes à laquelle je puisse penser. Le fait d'être entouré par la nature m'apaise et ravive mon esprit.

Pour cet exercice, plantez des légumes ou des fleurs. Faites d'abord un petit jardin afin que ce projet ne devienne pas trop accaparant, et soignez-le quotidiennement. Les citadins peuvent préparer des boîtes à fleurs ou créer des «jardins» de plantes d'intérieur en pots.

Chaque fois que je jardine, je pense à ce que je rends à la terre et que ceux qui viendront après moi pourront apprécier. Par cet acte de création, la vie continuera à exister et à croître. Je n'engage personne pour tondre mon gazon, car j'adore découvrir de jeunes plants d'arbre, puis les préserver ou les transplanter. Lorsque je préserve la beauté pour autrui, j'en suis récompensé chaque jour. Année après année, je regarde les arbres croître et s'épanouir, tout comme j'ai regardé mes enfants grandir. Lorsque j'accomplis ces petits gestes, j'ai le sentiment d'appartenir à quelque chose de plus vaste et d'être relié à tout ce qui vit.

Imaginez que vous et les êtres chers de votre vie êtes des fleurs ou des arbres. Comment favoriser votre croissance ? Qu'est-ce qui vous nourrit, vous et ceux que vous aimez, et fortifie les racines à partir desquelles vous croîtrez et les branches qui se tendront sans crainte jusqu'au ciel ?

Exercice 33

LES PLANTES, LES ARÔMES
ET LES ANIMAUX DE COMPAGNIE

Invitez la nature dans votre maison

Un abri est une chose que les humains érigent pour se protéger des dangers présents dans la nature. Mais nos abris modernes nous coupent de la nature, et il est temps que nous ramenions la nature dans nos maisons. Lorsque nous nous isolons du monde qui nous entoure, nous avons le sentiment d'être séparés de la vie, devenons plus sujets aux maladies et moins capables de faire face au stress. Nos maisons et nos communautés sont remplies d'appareils électroniques qui nous dépersonnalisent.

La nature est essentielle à notre santé et à notre bonheur. Ma maison est remplie de plantes que j'arrose et d'animaux dont je prends soin. Ils donnent un sens à ma vie et me relient à la nature. Les plantes ont aussi la propriété de purifier l'air et leur vue est apaisante, tandis que certains arômes ont un effet tranquillisant.

Pour cet exercice, procurez-vous des plantes pour votre demeure et votre bureau, et prenez le temps d'en prendre soin. Songez à adopter un animal de compagnie. Ajoutez à votre environnement quelques parfums apaisants, peut-être issus de vos souvenirs d'enfance. Vous vous sentirez plus heureux et plus en santé lorsque la nature sera tant à l'intérieur qu'à l'extérieur de votre maison.

Exercice 34

RÉFLEXION SUR L'ÉTANG

L'effet apaisant de l'eau

Il n'est jamais facile d'atteindre la sérénité. Nous sommes toujours affairés, courons d'une activité à l'autre et dressons des listes interminables de tâches à accomplir. La nature, pour sa part, connaît les saisons mais ne suit aucun horaire. C'est la principale source de beauté et de tranquillité susceptible de calmer et de pacifier notre âme.

Lorsque je me rends à Hawaï, je suis émerveillé et rempli d'admiration devant les montagnes, l'océan, le bleu du ciel, les plantes magnifiques et le symbole de Dieu — l'arc-en-ciel. Pour cet exercice, arrêtez-vous à l'une des créations de Dieu : l'eau. Trouvez un étang, une piscine ou un lac où l'eau est calme et limpide. Laissez la quiétude de l'eau vous envelopper de sa paix. Concentrez-vous sur la surface paisible de l'eau et laissez celle-ci emporter votre négativité, votre douleur, votre peur et votre inquiétude. Laissez vos pensées errer et votre esprit devenir aussi uni et calme que la surface de l'eau. Retenez l'image de tranquillité de cette eau dans votre esprit afin de pouvoir y retourner quand bon vous semblera.

Exercice 35

LAISSEZ LA CIVILISATION DERRIÈRE VOUS

Passez du temps dans la nature

Lorsque je quitte la ville — avec tous ses bruits, sa foule et son agitation — et retourne dans la nature, c'est aussi à l'intérieur de moi que je retourne. Il n'y a pas si longtemps, je me trouvais seul à vélo sur une dune de Cape Cod. Soudain, j'ai été submergé par la puissance du silence. La nature m'entourait mais elle n'émettait pas le moindre son. Aucun bruit provenant des animaux ou du vent, ni d'aucune machine, ne venait interrompre ce qui m'a semblé être le son le plus intense que j'aie jamais entendu — celui du silence.

Je me suis centré sur moi, mes pensées et les bruits à l'intérieur de moi. L'expérience a été terrifiante, mais elle m'a fait réfléchir au fait que les peuples indigènes, libres des distractions de la soi-disant société moderne, étaient forcés de se connaître eux-mêmes et d'être plus conscients de la nature de la vie.

Combien d'entre nous prennent-ils le temps de s'asseoir dans le calme et de s'écouter eux-mêmes? Pour cet exercice, quittez le confort du monde moderne et rendez-vous à un endroit aussi éloigné que possible de la civilisation. Allez-y à pied, en randonnée ou à vélo, mais laissez votre voiture le plus loin possible. Trouvez une chapelle naturelle où vous pourrez profiter du silence et, inspiré par la sagesse de la nature, apprendre à mieux vous connaître. Par la suite, n'oubliez pas de prendre périodiquement le temps de retourner dans la nature pour vous ressourcer.

TROUVEZ CE QUI VOUS CONVIENT LE MIEUX

8

Prenez vous-même soin de vous

Je préfère être authentique, même au risque
de me couvrir de ridicule, plutôt qu'être faux
et m'abhorrer moi-même.
— FREDERICK DOUGLASS

8ᵉ conseil de l'entraîneur

Prendre soin de soi est, pour plusieurs, ce qu'il y a de
plus difficile à faire. Parce qu'ils ont reçu tout au long
de leur vie des messages dissuasifs, la plupart des
gens ont de la difficulté à faire passer leurs besoins en
premier. Quelle est la dernière fois où vous avez
écouté votre corps et répondu à ses demandes émo-
tionnelles et physiques ? Prendre soin de vous devrait
être votre plus grande priorité parce que vous êtes la
personne la plus importante de votre vie. Vous ne
pouvez pas nourrir votre âme si vous ne vous occupez
pas du corps qu'elle habite.

L'estime de soi joue un rôle très important dans la façon dont on prend soin de sa personne. Si vous ne vous sentez pas aimé ou apprécié, vous risquez de cultiver une piètre estime de vous-même, de négliger de vous aimer et de vous accepter. Vous commencez alors à faire passer les exigences de votre travail, de votre famille et des autres avant les vôtres afin d'être aimé et accepté. Vous commencez à jouer un rôle au lieu d'être authentiquement vous-même.

Prendre soin de soi, c'est aussi faire entendre sa voix, comme nous nous sommes exercés à le faire au chapitre 4. Lorsqu'on vous demande de faire quelque chose que vous ne voulez pas faire, quelle est votre réponse? Si vous répondez oui, vous vous dites alors non à vous-même. Plusieurs personnes, notamment les mères, les infirmières et les soignants en général, ont tendance à s'effacer devant les besoins des autres; elles s'affairent à sauver le monde et s'occupent de tous sauf d'elles-mêmes.

Par ailleurs, comment répondez-vous à ceux qui voudraient prendre soin de vous? Acceptez-vous l'aide qu'ils vous offrent? Ou suivez-vous les points de vue de tout un chacun sauf les vôtres? Par exemple, si vous êtes malade et que votre médecin vous prescrit un traitement avec lequel vous n'êtes pas d'accord ou ne voulez pas suivre, que devriez-vous faire? Vous devriez toujours prendre vos propres décisions. Les médecins, les membres de votre famille et vos amis souhaitent sans doute que vous suiviez leurs conseils, mais vous devez avoir le courage de faire ce qui vous semble convenable pour vous. Prendre soin de vous en exprimant clairement votre opinion modifiera le comportement de vos soignants et vous rendra plus fort.

Faites des choix qui sont bons pour vous, qu'ils touchent une relation, une intervention chirurgicale, un changement de carrière ou tout autre événement. J'aime beaucoup cette phrase : «Soyez vous-même et non ce que vous n'êtes pas. Car si vous êtes ce que vous n'êtes pas, vous n'êtes pas vous-même.» Je vois trop souvent des gens qui s'éveillent à la vie et prennent enfin soin d'eux-mêmes uniquement lorsqu'ils apprennent qu'ils sont atteints d'une maladie fatale. Ne passez donc pas votre vie à mourir. Vivez !

Exercice 36

RÉVISEZ VOTRE HORAIRE

Gardez-vous du temps

Pendant une semaine, vous aurez pour tâche d'être attentif à ce que vous ressentez lorsque vous passez d'un endroit à l'autre, d'une activité à l'autre. En utilisant un journal que vous emporterez avec vous, notez le temps consacré à chaque activité et vos sentiments qui s'y rattachent; au bout de la semaine, vous aurez ainsi un aperçu concret de votre emploi du temps. Ne vous fiez pas à votre mémoire. C'est très facile d'oublier ce qu'on ne veut pas affronter, alors écrivez tout.

À la fin de la semaine, relisez votre journal. Y voyez-vous des périodes de jeu? Des activités pendant lesquelles vous n'étiez pas soumis à un horaire, où vous aviez perdu la notion du temps? Ces deux éléments sont essentiels si vous voulez établir un horaire qui vous nourrit au lieu de vous épuiser. Maintenant, identifiez les moments de votre horaire où vous pourriez vous réserver davantage de temps de qualité. Que souhaitez-vous, mais ne pouvez pas, faire par manque de temps? Trouvez ce temps. Assurez-vous de mettre à votre horaire des périodes de repos, des périodes de jeu, de l'exercice ou des activités physiques, des cours que vous avez toujours rêvé de suivre. Imaginez que vous êtes un athlète qui établit son horaire d'entraînement en vue des Jeux olympiques.

Enfin, assoyez-vous avec vos proches et discutez avec eux de votre ancien horaire et de votre nouvelle proposition. Il vous faudra sans doute demander le soutien de ceux qui seront touchés par ces changements. Veillez à ne pas leur reprocher vos décisions passées, mais travaillez de concert avec eux pour trouver des façons de modifier votre vie afin qu'elle satisfasse tous vos besoins.

Rappelez-vous qu'il n'est pas nécessaire de tout changer d'un coup. C'est comme lorsqu'on crée une œuvre d'art. Commencez à recréer votre vie dès maintenant, et continuez de la peaufiner au fil du temps. Il ne s'agit pas uniquement de trouver du temps; il s'agit de trouver le bonheur.

Exercice 37

OFFREZ-VOUS DES CADEAUX

Qu'aimeriez-vous recevoir ?

Que désirez-vous ? Que méritez-vous selon vous ? S'agit-il de la même chose ? Ou, par ailleurs, qu'est-ce vos parents vous ont donné le sentiment de mériter ou de ne pas mériter ? Quel est l'objet de vos prières ? Arrêtez-vous un instant et penchez-vous sur vos désirs. Que vous les réalisiez ou non, vous vous créez une vie fondée sur ces pensées. Accordez-vous du temps pour réfléchir et évaluer honnêtement quels désirs ont mené votre vie jusqu'à présent.

Le temps est-il venu de réévaluer la direction que vous suivez et ce que vous souhaitiez pour vous-même ? Dressez la liste de tous les cadeaux que vous aimeriez recevoir de la vie, autant des cadeaux maté-riels que des cadeaux plus significatifs, comme du temps, de l'amour, du ressourcement. Concentrez-vous vraiment sur ce que vous recherchez pour vous-même. Qu'est-ce qui ferait de votre vie un cadeau ? Établissez vos priorités. Un beau bijou, c'est bien, mais la paix de l'esprit a davantage de valeur.

Parmi ces cadeaux, lesquels possédez-vous déjà ? Prenez le temps d'en être reconnaissant, de vous remercier et de remercier la vie pour tout ce que vous avez déjà reçu. Puis, envisagez les meilleures façons d'attirer à vous tous les autres cadeaux de votre liste, ceux qui vous apporteraient la paix et donne-raient du sens à votre vie. Croyez-moi, vous avez les moyens d'obtenir ce dont vous avez besoin. La clé consiste à sortir et à aller vous le procurer avant qu'une catastrophe vienne vous rappeler à quel point la vie est courte.

Exercice 38

PRENEZ UN BAIN

Maximisez votre temps de relaxation

S'accorder du temps pour relaxer est l'une des meilleures façons de prendre soin de soi que je connaisse. Si vous avez de la difficulté à vous reposer et à vous détendre, rappelez-vous ceci : vous *faites* quelque chose lorsque vous vous reposez. Vous êtes en train de vous rétablir et de vous guérir, vous et votre vie. Qu'est-ce qui vous aide à vous détendre et à prendre soin de vous ?

Au cours des âges, les bains ont toujours été un moyen universel de se ressourcer et de se nettoyer. Réservez-vous un après-midi ou une soirée, et coulez-vous dans un bain chaud, apaisant, et envisagez la possibilité d'intégrer cette activité à votre emploi du temps hebdomadaire.

Veillez à ce que ce bain soit plus que le bain hygiénique habituel. Ajoutez-y des herbes, des minéraux et des sels thérapeutiques, qui éliminent les impuretés corporelles. Utilisez des savons et des huiles aromatiques dont le parfum favorisera votre détente. Des bougies, de la musique douce sont d'autres moyens de dorloter vos sens, et si vous le pouvez, prenez un bain dehors et jouissez des vertus thérapeutiques des bruits et des parfums de la nature. Ou jouez dans le bain : remplissez-le de bulles et donnez à votre enfant intérieur un pistolet à eau ou des canards en caoutchouc. Comme tous les enfants le savent, l'heure du bain *est* une heure de jeu.

Exercice 39

TENEZ UN JOURNAL ALIMENTAIRE

Choisissez ce qui est bon pour vous

En dépit d'une préoccupation généralisée en matière de santé physique, la plupart des gens ne prennent toujours pas le temps de se préparer des repas sains. Êtes-vous de ceux-là ? Vous nourrissez-vous de collations peu nutritives et de *fast-food* ? Si vous avez répondu oui, je suis certain que ce n'est pas parce que vous manquez d'information sur ce qui compose une alimentation saine et sur son importance. S'alimenter correctement préserve la santé, allonge l'espérance de vie, améliore la mémoire et l'humeur.

Pour cet exercice, vous tiendrez un journal alimentaire. Inscrivez-y tout ce que vous mangez au cours d'une semaine. Soyez honnête et notez chaque repas et chaque collation, mais ne vous jugez pas. Contentez-vous d'observer pour l'instant. À la fin de la semaine, relisez vos notes. En quoi votre alimentation est-elle déséquilibrée ? Aimeriez-vous que votre conjoint ou vos enfants s'alimentent ainsi ? Selon toute vraisemblance, votre menu hebdomadaire nécessitera à tout le moins quelques améliorations.

Si votre alimentation a grandement besoin d'être améliorée, évitez de vous critiquer. Aimez-vous, voyez-vous comme un enfant divin, et vos choix se modifieront d'eux-mêmes. Amenez-vous doucement à faire des choix convenant autant à votre style de vie qu'à votre santé et à votre bien-être. Dans cette démarche visant à accroître l'amour que vous vous portez, informez-vous sur la nutrition, et voyez votre médecin ou une nutritionniste qui vous aideront à établir un nouveau régime alimentaire.

Rappelez-vous bien ceci : il ne s'agit pas d'éviter la mort. C'est impossible. Il s'agit de jouir de la vie et d'une vie plus longue de surcroit. Et n'oubliez pas de vous offrir du chocolat et une glace à l'occasion.

Exercice 40

LE DIALOGUE INTÉRIEUR

Trouvez des réponses

Afin de mieux prendre soin de vous, vous devez connaître vos besoins. La meilleure façon de découvrir ce qui alimente votre corps, votre esprit et votre âme est encore de le leur demander. Prenez l'habitude de vous demander : « Comment vas-tu ? »

C'est particulièrement important lorsque vous êtes dépassé, fatigué ou déprimé. Arrêtez-vous, prenez une bonne respiration et demandez-vous : « Quelle est la source de ce malaise ? Pourquoi est-ce que je me sens ainsi ? Que puis-je faire pour améliorer mon état ? » Parfois, il vous faut tout simplement du repos, mais en d'autres circonstances, le problème a des racines plus profondes. Rappelez-vous de ne pas vous laisser déprimer par vos sentiments, mais de vous en servir pour évoluer. Lorsqu'on a identifié un problème, on peut le résoudre. Quand vous avez faim, vous mangez ; aussi, quand vos sentiments vous dérangent, cherchez ce qui pourra vous nourrir et soulager votre malaise.

Un dernier conseil : rappelez-vous qu'il s'agit de la façon dont vous vous sentez, et non de la façon dont, pensez-vous, vous devriez vous sentir. Ne censurez pas vos émotions en disant : « Je me sens de telle façon, mais je sais que je ne le devrais pas. » Vous devez écouter votre cœur et non votre tête lorsqu'il est question de sentiments. Au fond de vous, vous savez toujours ce qui est mieux pour vous, alors prenez le temps de demander.

SOYEZ INSPIRÉ

9

Ajoutez un supplément d'enthou-siasme à votre régime

Quand vous êtes inspiré par un but élevé
ou un projet extraordinaire, toutes vos pensées bri-
sent leurs chaînes : votre esprit transcende ses
limites, votre conscience se déploie dans toutes les
directions, et vous vous retrouvez dans un monde
nouveau absolument merveilleux... Vous vous rendez
compte que vous êtes beaucoup plus brillants que
vous auriez pu l'imaginer.

— PATANJALI

9ᵉ *conseil de l'entraîneur*

L'inspiration est le plus grand des dons parce qu'elle
élargit vos horizons. Chaque jour devient plus significatif et les gestes que vous accomplissez, guidés par
ce qui vous inspire, viennent embellir votre vie. Les
exercices suivants vous aideront à découvrir ce qui
génère de l'enthousiasme dans votre existence.

Je vous encourage à entreprendre autant le possible que l'impossible. La véritable inspiration l'emporte sur toutes les peurs. Lorsqu'on est inspiré, on entre dans une sorte d'état second et on peut accomplir des choses dont on ne se serait jamais senti capable.

Où trouverez-vous une telle inspiration ? Sondez les profondeurs de votre âme et demandez-vous : «Pourquoi suis-je vivant et pourquoi suis-je sur cette planète ?» Votre âme vous fournira la réponse. Il est aussi possible de trouver de l'inspiration dans divers mythes et paraboles, mais le plus souvent, vous la trouverez lorsque vous partagerez vos actes d'amour uniques avec autrui.

Lorsque votre cœur vous indique ce dont vous avez besoin pour maintenir la vie sur cette planète, écoutez-le, démarquez-vous et inspirez les générations à venir. Soyez inspiré par des gens comme Gandhi, mère Teresa, Rosa Parks, Martin Luther King, Christopher Reeve, Albert Schweitzer, Helen Keller et plusieurs autres. Allez maintenant ajouter votre nom à la liste et rendez-moi fier de vous. Partout où vous vous rendez, emportez avec vous votre enthousiasme pour la vie, ce sera contagieux.

Exercice 41

AYEZ UN MODÈLE

Quelqu'un qui vous inspire

Notre culture a tendance à idolâtrer les gens en fonction d'attributs superficiels, comme la beauté physique et les possessions matérielles. Mais ces gens sont-ils des exemples susceptibles de nous aider à vivre plus pleinement? Selon mon expérience, ceux qui ne sont entourés que de biens matériels peuvent être très malheureux. Même si les autres trouvent leur sort enviable, eux ne voient que leurs failles et les lacunes de leur existence.

Les gens qui nous inspirent vraiment possèdent une beauté intérieure. Ils ont eux-mêmes surmonté des obstacles majeurs et réussi à réaliser des changements significatifs. Pour cet exercice, identifiez des personnes qui vous inspirent et vous stimulent. Quelle devise pourriez-vous leur emprunter? Ces personnes peuvent être des gens connus, des membres de votre famille ou n'importe qui d'autre. Quelqu'un qui, si il ou elle remportait le gros lot à la loterie, se demanderait «Pourquoi moi?» et utiliserait cet argent pour le bien commun et non pour ses intérêts personnels. Quelqu'un qui, si il ou elle était atteint d'une maladie fatale, se demanderait «Que puis-je en faire?». Ce sont des gens qui voient au-delà de leur situation personnelle.

Dressez la liste des qualités que ces personnes possèdent et que vous aimeriez développer, puis affichez une photo ou un symbole représentant chacune de ces personnes dans un endroit visible afin que, chaque fois que vous passez devant, vous vous rappeliez ce que vous admirez en elles. Efforcez-vous de vivre d'une façon qui soit digne de leur message et adoptez celui-ci.

Exercice 42

EXERCICES DE RESPIRATION

Inspirez, expirez

Si l'on veut survivre et bien se porter, il faut s'arrêter et prendre le temps de respirer. Quelque chose d'aussi simple que respirer adéquatement peut grandement améliorer votre vie ; cela peut vous apporter de la vigueur et de l'inspiration.

Pour cet exercice, exercez-vous à respirer profondément et de façon détendue. Prenez conscience du mouvement de l'air qui entre et sort par vos narines et du mouvement de votre poitrine et de votre abdomen. Prenez conscience du besoin d'oxygénation de votre corps. En vous concentrant sur votre corps et sur la vie que l'air que vous respirez lui apporte, vous contribuerez du même coup à la guérison de votre existence.

Lorsque vous êtes soucieux ou perturbé, votre respiration se modifie. Il se peut que vous manquiez d'air ou que vous fassiez de l'hyperventilation ; ces changements dans la chimie de votre corps peuvent causer d'autres symptômes et entraîner des problèmes physiques.

Prenez la peine de remarquer les moments où vous devenez soucieux ou effrayé, et accordez-vous alors le temps de respirer calmement. Devenez attentif à votre respiration, à l'air qui entre et sort par vos narines, au mouvement de votre poitrine : inspirez la paix et la lumière, et expirez la peur et l'obscurité. Observez les changements qui se produisent alors, comment les tensions de votre corps et de votre esprit se relâchent. Laissez cette profonde détente vous inspirez. Ce qui vous inspire vous rendra inspirant. Les activités qui améliorent votre vie augmentent aussi votre capacité à respirer la vie à pleins poumons.

Exercice 43

VOTRE CHANSON FÉTICHE

La musique inspire

Nous pouvons tous faire de la musique, mais avons-nous trouvé la cadence de notre existence ? Arrêtez-vous un moment pour écouter les sons qui vous environnent actuellement. Est-ce du bruit ou de la musique à vos oreilles ? Nous sommes constamment entourés de bruit, mais chacun le perçoit différemment. Pour certains, l'agitation urbaine est une source d'énergie, tandis que d'autres ont besoin de la quiétude de la campagne pour fonctionner et trouver l'inspiration.

En salle de chirurgie, j'utilise de la musique pour créer un environnement thérapeutique pour les patients et le personnel. Il y a une raison pour laquelle certains rythmes cardiaques sont sains ou certains rythmes musicaux sont thérapeutiques et relaxants. Pourquoi quelqu'un a-t-il décidé qu'une minute comptait soixante secondes et non pas cent ? Écoutez l'horloge : remarquez comme son tic tac est apaisant tandis que s'il était plus rapide, il engendrerait de la tension. On ajoute très souvent aux films des trames musicales pour influencer l'état d'esprit du public.

Il est temps que vous trouviez votre chanson, celle qui vous interpelle, dont les paroles et le rythme vous motivent. Trouvez-vous la chanson fétiche de votre vie. Chaque fois que vous l'entendrez, vous vous sentirez stimulé et énergique. C'est votre chanson, et son message vous inspire et vous pousse à embrasser la vie.

Chantez avec moi *La Quête* et, à l'instar de Don Quichotte, tentez d'atteindre l'inaccessible étoile.

Exercice **44**

DISTRIBUEZ DES COMPLIMENTS

Ayez des mots gentils

Si vous voulez faire flotter les gens sur un petit nuage, complimentez-les. Les compliments sont l'hélium qui gonfle notre ballon émotif ; ils font planer la personne qui les reçoit au-dessus des problèmes de l'existence et atterrir en toute sécurité de l'autre côté, où elle sera accueillie à bras ouverts.

Lorsque vous encouragez les autres par des mots empreints de gentillesse, vous recevez en retour une décharge d'énergie créatrice. Je ne parle pas ici de faux compliments destinés à réconforter quelqu'un ; je parle de ceux qui encouragent les gens à affronter leurs difficultés au lieu de succomber à leurs peurs. Si une personne que vous aimez chante ou a un quel-conque talent artistique, vos paroles d'encouragement peuvent l'inciter à partager son don avec le monde. Il suffit parfois de peu pour qu'une personne se sente plus forte. Pour cet exercice, pendant au moins une semaine, distribuez chaque jour trois compliments sincères et notez comment cela affecte votre degré d'enthousiasme envers vous-même et envers les autres.

J'ai toujours avec moi des épinglettes disant « Vous changez les choses » et j'en remets aux gens que je vois agir d'une façon susceptible d'améliorer la vie. Dernièrement, au supermarché, j'ai donné à une employée une carte que j'avais reçue en tant que client privilégié. La carte disait qu'elle était quelqu'un de spécial, et son sourire m'a fait chaud au cœur.

De plus, n'oubliez pas de dire merci lorsque c'est à votre tour de recevoir un compliment. En faisant circuler des remerciements et des compliments, nous rendons le monde meilleur.

Exercice 45

ÉVEILLEZ L'ENFANT EN VOUS

L'enthousiasme est contagieux

Lorsque je suis avec mes petits-enfants, j'aime tellement jouer avec eux que mon énergie semble inépuisable. Bien entendu, le soir venu, je ne me fais pas prier pour aller au lit de bonne heure, mais l'enthousiasme et la joie de mes petits-enfants est contagieuse : ils éveillent l'enfant en moi.

Entrez en contact avec l'aspect enjoué de votre personne. Qu'aimiez-vous faire lorsque vous étiez enfant ? Qu'est-ce qui vous intéressait ? À quels jeux aimiez-vous jouer ? Ne vous contentez pas de vous imaginer en train de faire ces activités, sortez vos vieux jeux et jouez. Passez plus de temps avec des enfants, rendez-vous au terrain de jeu, balancez-vous, glissez et éveillez l'enfant en vous ; laissez-le communiquez avec l'adulte que vous êtes aujourd'hui. Demandez à votre enfant intérieur ce qu'il veut faire. Son inspiration vous redonnera de la vie.

Qu'est-ce qui stimule votre esprit ? Trouvez le moyen de l'intégrer à votre vie ; si possible, faites-en votre gagne-pain. Si vous y parvenez, vous ne travaillez plus jamais. Trouvez au moins le temps de vous amuser.

Si vous n'avez pas la volonté de vivre, vous n'arriverez à rien. Déterminez ce que vous désirez et lancez-vous avec un enthousiasme que tous pourront ressentir. Votre inspiration deviendra contagieuse et, croyez-moi, vous bénéficierez d'une aide imprévue. C'est le voyage qui compte — pas la destination.

10

LA SOUFFRANCE EST NÉCESSAIRE

*Le cadeau dont personne ne veut
(vous n'êtes pas ce que vous perdez)*

La souffrance nous force à changer. Nous n'aimons pas le changement, et la plupart du temps, il nous effraie et nous le combattons. Nous préférons demeurer dans des lieux familiers sur le plan émotif même si parfois ces lieux sont malsains pour nous. À l'occasion, la souffrance est si grande que nous ne pouvons que renoncer. Nous abandonnons ce qui est dépassé et recommençons à neuf. C'est souvent notre douleur qui nous guide, non seulement vers une vie différente, mais vers une expérience plus riche et plus gratifiante.
— DENNIS WHOLEY

10ᵉ conseil de l'entraîneur

Dans ce chapitre, je vous demanderai de considérer toute perte comme un moyen de fortifier votre âme. Cela peut sembler étrange de prime abord, mais la perte est le résultat inévitable du passage du temps.

Comme l'écrivait une femme atteinte de cancer et sur le point de perdre une partie de son corps : « Peut-être perdons-nous des choses au fil de notre vie afin que d'autres puissent mieux se développer ? »

Un jour, je me trouvais dans la cour avec notre fils, Jeff, qui est un jardinier hors pair, en train de lui expliquer comme je trouvais difficile de tailler des plantes et des arbres vivants. Je n'aimais pas du tout couper une branche vive. Jeff m'a alors rappelé que je n'avais pourtant aucun problème en chirurgie à retirer ce qui chez une personne était malade ou devenu inutile. Je lui ai répondu que je le faisais, car cela permettait à cette personne d'aller mieux ; mon fils m'a rétorqué que c'était vrai aussi lorsqu'il taillait un arbre ou une plante. Ses paroles m'ont fait comprendre qu'il nous faut parfois renoncer à certaines choses pour se développer et survivre.

La douleur et la perte peuvent nous enseigner beaucoup et nous guider. Elles nous aident à nous définir, à nous nourrir, à nous protéger. Lorsque nous avons faim, nous cherchons à assurer notre subsistance, et la douleur et la perte nous conduisent à faire de même. La souffrance émotive devient destructrice lorsque nous nous concentrons exclusivement sur la perte en soi et non sur ce qui nous reste. Pour citer un vétérinaire, lorsque les animaux subissent une amputation, « à leur réveil, ils lèchent le visage de leur maître». Ils sont encore capables d'aimer et de se sentir entiers.

La peur de perdre peut être aussi douloureuse que la perte elle-même. Nous devons nous rappeler que la perte fait partie de la vie; c'est un fait indéniable. Dans cette perspective, peut-on considérer le fait de vieillir ou même de souffrir d'un handicap comme une perte? Pourquoi ne pas y voir une manifestation de courage et une source de sagesse? Un jour, j'ai rencontré une jeune femme qui était née sans bras, et j'ai appris d'elle à ne pas la voir comme une personne handicapée mais comme une personne incroyablement habile, capable d'écrire en tenant un crayon entre ses orteils.

Il vous revient de décider si vous voulez être défini en fonction de ce que vous avez perdu ou de ce que vous êtes réellement. Certaines personnes ne parviennent pas à se séparer de leur maladie et de leur souffrance; c'est leur façon d'attirer l'attention. Je préfère l'autre solution. Je me définis non seulement en fonction des parties de mon corps mais aussi en fonction de mon esprit et de mon attitude envers la vie. Je m'efforce d'être comme ce chien que je connais qui est né avec seulement deux pattes et qui jouit quand même de chaque jour et gambade joyeusement dans la cour.

Vous ne serez parfait qu'une seule fois, et c'est lorsque vous quitterez votre corps. N'allez pas commettre l'erreur d'abandonner parce que vivre est douloureux. N'oubliez jamais que vous pouvez toujours recommencer à neuf et trouver la joie, quelles que soient les circonstances.

Les exercices suivants vous aideront à passer au travers de votre douleur et de vos pertes et à trouver de nouvelles façons de subsister pour vous et ceux que vous aimez.

Exercice 46

DES INSTRUMENTS DE GUÉRISON

Composez-vous un coffre au trésor

En vieillissant, nous faisons face aux problèmes de la vie et à une détresse certaine — ce qui nous fait croire que « la vie, c'est de la merde », comme le disait un de nos fils un jour de déprime —, et nous avons pour la plupart besoin d'aide pour retrouver notre chemin. Peut-être qu'en grandissant, nous n'avons pas reçu les outils nécessaires ou que nous n'avons pas été entraînés à nous en servir. Dans cet exercice, vous identifierez et rassemblerez les instruments dont vous avez besoin afin de les avoir toujours sous la main.

Réfléchissez aux choses dont vous avez besoin pour retrouver votre chemin actuellement. Quels outils vous seraient utiles ? Les outils physiques, matériels peuvent être utiles, mais ce n'est pas la seule réponse. Même le meilleur outil mécanique peut se briser. Sur quels outils émotifs et spirituels pouvez-vous vous fier et compter ? Il peut s'agir, entre autres, d'un parent, d'un ami, de la prière ou de votre force intérieure. Mais pour chacun, il est essentiel de s'accepter soi-même et de savoir qu'on est d'origine divine. Ces outils spirituels seront toujours là pour vous permettre de subsister et vous soutenir.

Maintenant, inscrivez tous ces outils sur des bouts de papier. Dans une petite boîte, que vous identifierez comme votre coffre au trésor, déposez ces bouts de papier afin de ne pas les égarer. En période de détresse ou de bouleversement, ouvrez votre coffre au trésor et sortez-en les outils dont vous avez besoin. Placez-le là où vous pourrez le voir chaque jour. Ainsi, chaque fois que vous aurez besoin d'aide pour passer au travers d'une journée difficile, vous pourrez en extraire un bout de papier pour vous rappeler que vous disposez de nombreuses ressources.

Exercice 47

PLANTEZ UNE GRAINE

Une vie nouvelle née du deuil

Au fil des ans, notre famille a eu plusieurs animaux de compagnie, et lorsqu'ils meurent, je les enterre toujours dans notre cour. Au début, chaque fois que je me trouvais à marcher près de là, j'ajoutais une pierre au monument que j'avais érigé. Un jour, il m'est venu à l'esprit que si ces animaux pouvaient m'apparaître et me parler, ils me diraient qu'ils préféreraient une fleur. Dès que j'ai commencé à le faire, j'ai senti un changement. J'offrais désormais quelque chose de beau à partager avec leur esprit et avec tous ceux qui passeraient devant leur monument de pierre.

La nature agit ainsi spontanément. La mort engendre la vie ; elle nourrit ce qui vit encore. Lorsque nous subissons une perte, nous devons prendre une décision. Qu'allons-nous tirer de cet événement ? Allons-nous continuer à éprouver de l'amertume envers Dieu et la vie, passer le reste de nos jours à désespérer et à geindre, ou entreprendre une nouvelle vie et donner une fleur au monde ?

Penchez-vous sur vos pertes et demandez-vous comment les utiliser pour créer une vie nouvelle. Lorsqu'on perd un être cher, une excellente façon de faire jaillir une vie nouvelle de ce deuil est de planter

des fleurs sur la tombe ou de créer un jardin commé-
moratif en souvenir de cette personne. Pour cet exercice, achetez une plante en l'honneur d'une personne
décédée ; prenez-en soin et regardez-la croître et
représenter une vie nouvelle. Ou donnez de l'argent
pour qu'un arbre soit planté dans votre chère mère
patrie. Ainsi, vous perpétuerez le cycle de la naissance et de la mort.

Exercice 48

PRENEZ LA DÉCISION DE DONNER

Des cadeaux désintéressés

Quand d'autres souffrent, comment pouvons-nous les aider ? Il est impossible de ressusciter les morts ou de résoudre les problèmes d'autrui. Toutefois, nous pouvons faire montre de compassion et d'amour. Nous pouvons donner de notre personne. Lorsqu'on donne sans rien attendre en retour, cela s'appelle de l'amour, et c'est la chose que nous devons tous donner. Nos gestes d'amour et de compassion possèdent une grande valeur thérapeutique ; ils peuvent apaiser la personne souffrante, tout comme notre propre douleur.

Pour cet exercice, identifiez une personne en proie à la souffrance et donnez-lui un peu de votre temps et de vous-même afin de la soulager. Il peut s'agir de quelqu'un que vous connaissez, comme un ami ou un membre de votre famille, ou d'un parfait étranger, par exemple, le résidant d'un foyer pour personnes âgées, d'une maison de soins infirmiers ou d'un refuge pour sans-abri. Offrez une journée de bénévolat. Soyez prêt à donner de vous-même et de votre temps, et ce, sans compter. Apprenez à donner et vous recevrez. C'est la pure vérité, croyez-moi. Donnez du fond du cœur et voyez la magie opérer, autant pour qui donne que pour qui reçoit.

Exercice *49*

RETOUR EN ARRIÈRE

Une lumière jaillit de l'obscurité

Sous la pression, le charbon se transforme en diamant. Combien de diamants insoupçonnés votre vie recèle-t-elle? Nous devons apprendre à voir les difficultés de la vie comme des bienfaits qui nous permettront de devenir des êtres humains plus complets. Pour la plupart, nous évitons d'examiner les périodes sombres de notre existence parce que nous avons peur; au lieu de faire face à la douleur, nous préférons l'engourdissement. Pourtant, ce sont nos difficultés, et la manière dont nous les traitons, qui nous définissent. Pour cet exercice, revoyez votre vie et identifiez trois des moments les plus difficiles que vous ayez affrontés. Puis, pour chacun, identifiez une bonne chose qui en a découlé et qui ne se serait pas produite n'eut été de cet événement.

La vie nous entraîne constamment dans des directions nouvelles. Ce qui importe, c'est de vivre le moment présent et les événements mais sans leur permettre d'affecter votre point de vue et votre attitude d'une façon qui risquerait de détruire votre avenir. Ayez l'esprit ouvert et observez ce qui se passe. Mon père avait 12 ans lorsque son père est mort. Ce fut une catastrophe pour sa famille. Cependant, mon père affirmait plus tard que cela avait été l'une des meilleures choses qui lui étaient arrivées, car cela lui avait enseigné à survivre, à être bon et serviable envers autrui, et à reconnaître ce qui avait vraiment de la valeur.

Lorsque vous reverrez en pensée les événements difficiles de votre vie, veillez à noter vos pensées et vos sentiments, et à dresser la liste de tout ce qui en a découlé de bien. Ce sont là vos diamants. Ou, pour employer une autre métaphore, ce sont de nouvelles plantes et des occasions de renaître qui sont sorties des cendres et du compost de votre vie. Enseignez à vos enfants, à vos amis, à vos associés à garder l'esprit ouvert sur l'avenir et à ne pas se perdre dans les événements qui les perturbent. Ils vous seront éternellement reconnaissants de leur avoir transmis cette leçon. Les mauvaises expériences, si nous leur en donnons la chance, peuvent nous apprendre beaucoup.

Exercice 50

EXPRIMEZ VOTRE CHAGRIN

Faites un tableau de votre souffrance

Plusieurs grands artistes savent que le chagrin et la souffrance émotive peuvent être la source d'une incroyable énergie créatrice. Cela se manifeste aussi dans l'autre sens. Lorsque nous nous lançons dans une activité créatrice, il arrive parfois que nous puisions dans de profondes émotions dont nous ignorions l'existence. Quand vous exprimez par la créativité des passions et des chagrins irrésolus, vous vous donnez à vous-même une façon plus que bienvenue d'extérioriser des émotions contenues.

Pour cet exercice, remémorez-vous une période particulièrement pénible ou difficile, puis jetez vos émotions sur la toile. Employez des pinceaux ou vos doigts ; utilisez n'importe quelle sorte de peinture sur n'importe quelle surface vierge : un canevas, une feuille de papier blanc, un mur. Commencez votre tableau avec la couleur qui vous attire le plus, projetez-la, étalez-la avec vos mains ou des pinceaux, et laissez la passion s'exprimer sur la page par l'intermédiaire de vos mains. Peignez une abstraction, à moins qu'une scène figurative s'impose à vous spontanément. Vous ne pouvez pas vous tromper. Personne ne viendra juger votre œuvre. À mesure que vous vous laisserez prendre au jeu, vous oublierez votre corps. Soyez attentif à vos sentiments ; sont-ils plus intenses, moins marqués ou différents de ce que vous attendiez ? Lorsque vous aurez terminé, ne vous jugez pas et ne jugez pas votre œuvre ; admirez ce que vous avez créé, mais soyez conscient que le véritable apprentissage a eu lieu pendant que vous peigniez. Refaites cet exercice chaque fois que vous avez du chagrin, subissez une perte ou éprouvez de profondes émotions.

CHAPITRE   NOS AMIS POILUS

11

Des modèles couverts de fourrure

Les animaux sont des amis tellement agréables —
ils ne posent jamais de questions, ils ne
font aucune critique.
— George Eliot

11ᵉ conseil de l'entraîneur

Les animaux peuvent nous enseigner beaucoup de
choses. Ces créatures poilues sont des exemples
exceptionnels en matière de pardon, de tolérance
envers autrui et d'acceptation des critiques. En
quelque sorte, si nous commencions à nous comporter
davantage comme eux, je pense qu'il y aurait moins
de problèmes dans le monde. Ils nous montrent vraiment à respecter la vie sous toutes ses formes et ils
sont la preuve vivante que la faculté d'aimer, de ressentir et de raisonner n'est pas l'apanage de notre
seule espèce. Lorsque nous faisons rayonner notre
amour et notre compassion vers toutes les créatures

de la Terre et acceptons en retour leur assistance et leur soutien, notre âme s'en porte mieux.

Les animaux peuvent jouer plusieurs rôles auprès de nous : amis, compagnons, protecteurs. Ils nous apportent de la joie et nous font rire. Prendre soin d'un animal — qu'il s'agisse d'un chien, d'un chat, d'un hamster, d'un oiseau ou d'un poisson rouge — nous permet de mieux nous connaître et de vivre plus sainement. Selon une étude australienne, les personnes qui, après avoir subi une attaque cardiaque, sont retournées dans une demeure où se trouvait un chien affichaient un taux de mortalité de moins de 6 % au cours l'année suivante ; chez celles qui ne possédaient pas de chien, le taux avoisinait les 30 %. Vous voulez épargner des frais médicaux ? Procurez-vous un chien !

Je dis toujours que dans le doute — lorsque vous ne savez plus que faire —, il faut appliquer la règle de QFL. Autrement dit, que ferait Lassie[1] ? Lassie se montrait toujours gentille, loyale, protectrice et animée par l'amour. Avec les autres, j'essaie donc toujours d'appliquer les conseils des entraîneurs canins : récompenser au lieu de punir ; montrer de l'amour, de la confiance et du respect ; faire preuve de constance.

Nos enfants ont appris à respecter la vie parce que notre propriété et notre demeure a abrité des animaux de toutes les espèces. La centaine d'animaux

---

1. Lassie, chienne collie modèle, a été l'héroïne d'une célèbre série télévisée américaine des années 1950 à 1970 et de nombreux livres. (N.d.T.)

dont nous nous sommes occupés nous ont causé moins de problèmes que nos cinq enfants. Les animaux de compagnie n'ont jamais eu un mot déplacé, même lorsque je les enfermais accidentellement dehors.

Les exercices qui suivent vous aideront à vous faire de nouveaux amis poilus.

Exercice 51

QUEL ANIMAL PRÉFÉREZ-VOUS ?

Les animaux et leurs qualités

Le règne animal est composé de plusieurs espèces, chacune ayant son tempérament et ses aptitudes. Bien que, sous la peau, nous ayons sensiblement la même structure et les mêmes couleurs, notre aspect extérieur diffère grandement. Je crois que c'est non seulement pour que l'on puisse nous distinguer les uns des autres, mais aussi pour mettre en valeur nos aptitudes personnelles, notre authenticité et notre individualité.

Y a-t-il un animal qui vous plaît plus que les autres ? Sinon, choisissez-en un maintenant. À quel animal vous identifiez-vous et lequel admirez-vous en raison de ses qualités et de son tempérament ? Dressez la liste des caractéristiques et des traits de caractère qui vous attirent vers cet animal. Lisez ensuite cette liste à des personnes qui vous connaissent bien et demandez-leur qui, selon elles, décrit-elle ? Vous, bien sûr.

Vous pouvez considérer cet animal comme votre totem ou une sorte de mentor, vous en inspirer pour vivre, et solliciter son aide au besoin. Au fil du temps et de votre évolution, il se peut que votre totem prenne d'autres formes.

Exercice 52

AIDEZ UN ANIMAL DANS LE BESOIN

Donnez un coup de main

Le bien-être que l'on ressent à aider un être humain, on l'éprouve aussi avec un animal. Donner un coup de main est toujours satisfaisant et gratifiant, que ce soit dans un refuge pour animaux, au zoo, en se ralliant à un groupe de défense des droits des animaux ou en transformant sa cour avant en réserve faunique.

Pour cet exercice, trouvez une façon d'aider des animaux dans le besoin. Une des meilleures façons est d'offrir une journée de bénévolat dans un refuge. Vous pourrez promener les chiens, cajoler ou nourrir les chats, contribuer à la socialisation des animaux. Si possible, faites-le régulièrement. Mais soyez vigilant : même si vous n'avez pas l'intention d'adopter un animal, il se peut que certains d'entre eux *vous* adoptent. Mais même s'il ne vous est pas possible d'en adopter un de façon permanente, autant vous que les animaux profiterez du temps que vous passerez ensemble.

Vous pouvez par ailleurs offrir à l'un de vos voisins de garder son animal de compagnie pendant son absence. Vous pourriez aussi accueillir temporairement une portée de chiots ou de chatons. Plusieurs organismes, comme ceux qui entraînent des chiens pour les aveugles, ont besoin de bénévoles ou d'argent. Identifiez les aptitudes et les compétences que vous pourriez offrir en contribution. Peut-être pourriez-vous vous occuper de rédiger le bulletin d'un organisme pour animaux, participer à la préparation d'une collecte de fonds, aller chercher des animaux maltraités ou les conduire à leur nouveau foyer, ou contribuer à la construction d'un refuge. Vous savez de quoi vous êtes capable, laissez donc votre cœur vous montrer la voie.

Exercice 53

HISTOIRES D'ANIMAUX

Savourez un bon livre

Plusieurs livres magnifiques décrivent ce que les animaux peuvent nous enseigner et comment ils peuvent nous rendre plus humains. Le premier qui me vient à l'esprit est *Animals as Teachers and Healers* — les animaux nous enseignent et nous guérissent — de mon amie Susan Chernak McElroy. Vous tirerez des histoires d'animaux qu'elle y relate plusieurs leçons que vous pourrez intégrer à votre vie.

Quand j'étais jeune, je lisais assidûment tous les livres mettant en vedette Lassie, et j'aime encore le faire. Lire des livres sur les animaux, sur ce qu'ils vivent et sur leur comportement, est une excellente façon de transmettre à vos enfants certaines valeurs, dont la gentillesse. Il existe des livres sur l'art de communiquer avec les animaux qui vous enseigneront à communiquer et à vivre en harmonie avec votre animal de compagnie. Je sais par expérience que cela est réellement utile. Les animaux sont incroyablement intuitifs, et je suis certain que vous connaissez tous des récits de chiens ayant sauvé des enfants de la noyade ou étant allé chercher du secours pour une personne blessée et immobilisée.

L'histoire que nous raconte Susan McElroy est tout aussi extraordinaire. On a annoncé à Susan qu'elle avait le cancer et qu'il lui restait une année à vivre. Elle habitait seule et, un jour, elle a laissé une chatte errante entrer chez elle pour lui tenir compagnie. Elle l'a nommée Flora et l'a conduite chez le vétérinaire pour s'assurer qu'elle était en santé. Celui-ci lui a annoncé que Flora était atteinte de leucémie féline et qu'il lui restait une année à vivre. Susan rentra chez elle complètement bouleversée, mais elle remarqua que sa chatte, elle, ne l'était pas. Peut-être, songea-t-elle, Flora sait-elle une chose que j'ignore. Susan commença alors à se comporter comme Flora, à faire des siestes, à exprimer ses besoins, à réaliser ses rêves, avec pour résultat qu'elles sont encore en vie toutes les deux 14 ans plus tard.

Trouvez-vous un livre sur les animaux qui vous intéresse et laissez un nouvel ami poilu entrer dans votre vie par l'intermédiaire de ses pages.

Exercice 54

ADOPTEZ UN AMI

Ouvrez votre foyer et votre cœur

Aux États-Unis, une multitude de chiens et de chats sont abandonnés. Les refuges pour animaux sont remplis de bêtes aimantes qui ont beaucoup à donner et ne demandent qu'à trouver un nouveau maître et un nouveau foyer. Cet exercice exige que vous vous engagiez davantage que la plupart des autres de ce livre. Il vous demande d'adopter un animal de compagnie. Si vous en avez déjà un, ou si cela vous est impossible, essayez au moins de faire l'exercice 52.

Examinez l'endroit où vous habitez et demandez-vous quelle sorte d'animal pourrait s'y sentir chez lui. Je parle souvent de nos chats et de nos chiens, mais nous avons aussi eu des serpents, des poissons, des caméléons, des chèvres, des oiseaux et d'autres espèces d'animaux. Tenez compte de votre style de vie avant de décider quelle sorte d'animal vous adopterez. Si vous faites de nombreux voyages, un chien, qui a besoin de beaucoup d'attention, ne vous conviendra sans doute pas ; pensez plutôt à un poisson ou à un reptile. Quel que soit l'animal que vous choisissiez, faites-lui de la place et procurez-vous le nécessaire pour lui fournir un environnement sain.

Lorsque vous serez prêt, rendez-vous à une animalerie ou à un refuge pour animaux. Vous pouvez aussi en profiter pour prendre des vacances en famille et en visiter un, comme le Best Friends' Animal Sanctuary, en Utah, qui fait des merveilles pour secourir toutes sortes d'animaux. Peut-être avez-vous déjà arrêté votre choix sur un animal précis, mais, lorsque vous serez au refuge, laissez votre cœur choisir le nouvel ami que vous ramènerez à la maison. Ou faites comme moi, et laissez ce nouvel ami vous choisir. Lorsque je me rends dans un refuge, j'attends de voir qui viendra m'accueillir en courant, puis nous rentrons tous les deux à la maison et demandons à ma femme, Bobbie, de nous laisser entrer.

Exercice 55

JOUEZ

Se rouler par terre et rapporter

Les animaux de compagnie sont de merveilleux compagnons de jeu et ils éveilleront l'enfant en vous. Lorsque nous interagissons avec des adultes, nous nous soucions souvent de ce qu'ils penseront de notre comportement. Par contre, avec un chien, vous pouvez vous jeter au sol, vous rouler par terre et jouer. C'est bon non seulement pour le cœur et la tension artérielle, mais aussi pour la paix d'esprit. Plusieurs études ont corroboré le fait qu'il est bénéfique d'interagir avec un animal de compagnie, peu importe la sorte. Nos chiens adorent se faire gratouiller le ventre, et il leur arrive de s'installer au beau milieu de groupe de soutien avec lequel je travaille et de se rouler sur le dos. J'en profite alors pour expliquer au groupe que les chiens sont eux aussi des thérapeutes, et qu'ils nous enseignent à réclamer ce dont nous avons besoin, qu'il s'agisse de gratouilles sur le ventre, d'un câlin ou d'une collation spéciale.

Amenez votre animal avec vous lorsque vous vous déplacez. Aller marcher avec votre chien améliorera votre santé et votre espérance de vie. Nous avons une chatte, Miracle, qui se prend pour un chien et que je promène en laisse partout où je vais. Miracle n'a peur de rien, et je l'ai même vue une fois participer à une exposition canine où elle est demeurée assise parmi des douzaines de chiens qui lui ont d'ailleurs manifesté beaucoup d'intérêt.

Donc, pour cet exercice, jouez tout simplement avec votre animal, chaque jour. Laissez-le vous enseigner à relâcher vos inhibitions et à retrouver votre joie de vivre. Les animaux vivent dans le moment présent, et ils peuvent nous aider à faire de même, à oublier nos peurs et nos inquiétudes face à l'avenir. Nos animaux savent qu'en s'inquiétant, on ne résout rien, tandis qu'une bonne séance de gratouilles de bedaine ou une sieste peuvent faire des miracles.

CHAPITRE 12

LES RÊVES, LES DESSINS ET LES SYMBOLES

Le canevas vierge peut donner naissance à une œuvre d'art

L'imagination se définit par l'étirement de l'esprit. (…) le bombardement de l'esprit conscient par des idées, des impulsions, des images et d'autres phénomènes psychiques surgis du préconscient. C'est donc la capacité de «rêver et d'avoir des visions» (…)[2].

— ROLLO MAY

12ᵉ conseil de l'entraîneur

Pourquoi Dieu n'a-t-il pas créé une langue commune que nous parlerions tous et qui nous permettrait de mieux communiquer? En fait, il y a un langage universel, le langage des symboles, qui nous rejoint tous. Nous sommes tous aptes à décoder ce langage par l'intermédiaire de nos rêves et de notre imagination.

Je crois que nous dormons afin que la part de nous-mêmes qui est reliée à la Conscience supérieure ait l'occasion de s'exprimer. Les rêves nous apportent

2. Traduction de Marie-Luce Constant

145

plusieurs solutions à nos problèmes et de nombreuses idées créatives. Nos rêves nous en apprennent beaucoup sur le paysage intérieur de notre psyché et de notre âme.

Les symboles sont à la fois découverts et inventés. Le sens qu'on leur donne vient des profondeurs de notre être, d'un lieu où nous sommes reliés à l'ensemble de la création. Tout le monde peut créer des symboles, et tout le monde peut les comprendre. Je peux me rendre n'importe où sur cette planète muni d'une boîte de crayons et interpréter les dessins exécutés par des personnes dont je ne comprends même pas la langue. Lorsque je vois un cercle, ou un triangle, je sais que cela peut représenter divers aspects de la personnalité. Lorsque je vois un arbre, c'est peut-être le symbole de toute une vie.

Prenez le temps d'être attentif à vos rêves, dessinez lorsque vous vivez des conflits, et laissez-vous guider par les symboles qui émergent. Il est impossible de percer les mystères de l'esprit par la seule pensée. Les exercices suivants vous fourniront plusieurs méthodes qui vous serviront à exploiter les rêves, les dessins et les symboles afin de créer une vie plus riche de sens.

Exercice 56

JOURNAL DE RÊVES

Comprenez vos rêves

À force d'explorer vos rêves, vous vous rendrez compte que vous êtes davantage conscient dans votre vie éveillée. Plusieurs personnes notent leurs rêves et s'efforcent de devenir conscientes durant leurs rêves pour des raisons thérapeutiques. D'autres essaient de trouver dans leurs rêves des réponses à des questions précises.

Pendant au moins une semaine, notez vos rêves dans un journal ; d'ailleurs, je vous recommande fortement de toujours le faire. Avant de sombrer dans le sommeil, posez une question à votre inconscient ; vous pourriez écrire cette question sur un bout de papier que vous placeriez sous votre oreiller. Conservez votre journal et un crayon sur votre table de chevet et, lorsque vous vous réveillez, que ce soit au matin ou au milieu de la nuit, notez le ou les rêves dont vous vous souvenez.

Tout dans le rêve est une part de vous. Notez toutes les images, toutes les expériences, de la façon la plus détaillée possible. Faites comme si vous expliquiez votre rêve à un extraterrestre et décrivez tout.

Le langage des rêves est symbolique. La signification de certains symboles est évidente d'emblée, alors qu'elle nous échappe dans d'autres cas. Plus vous vous exercerez à être attentif à vos rêves, plus vous deviendrez aptes à les interpréter. Si un rêve est récurrent, c'est que vous ne faites pas ce qu'il vous dit ou vous demande de faire. Prêtez une attention particulière aux rêves récurrents, porteurs de messages existentiels profonds; prenez l'habitude de noter soigneusement tout thème récurrent.

Exercice 57

LES SYMBOLES SIGNIFICATIFS

Créez un mandala pour vous aider à réfléchir

Les symboles peuvent être des outils efficaces et révélateurs. Le mot sanskrit *mandala* signifie «cercle». Le mandala est un symbole indien très ancien représentant la globalité, et il en révèle beaucoup sur l'inconscient. Dans le bouddhisme tibétain, c'est un objet de contemplation. Pour cet exercice, vous créerez votre propre mandala, qui représentera différents aspects de votre personne.

Tracez un grand cercle sur une feuille de papier. Vous pouvez diviser le cercle en quatre pointes dont chacune correspondra à un aspect différent de votre vie. Vous pouvez aussi le diviser en deux au milieu, horizontalement, la partie supérieure représentant votre âme et votre esprit, la partie inférieure votre corps et vos possessions terrestres. Choisissez la manière dont vous allez diviser le cercle et ce que chaque section représentera; prenez le temps de choisir les symboles, les couleurs et les dessins que vous y mettrez. Laissez libre cours à votre créativité.

Chaque objet que vous dessinez doit avoir une signification pour vous et représenter votre vision. Autant que possible, laissez-vous guider par votre intuition. Lorsque vous pensez à votre corps, quels couleurs, motifs, déités, animaux, symboles vous viennent à l'esprit? Ne remettez pas vos choix en question, et vous avez le droit de faire plusieurs croquis avant d'en choisir un.

Lorsque vous aurez terminé votre mandala personnel, affichez-le dans un endroit où vous pourrez méditer sur cette image et la laisser vous éclairer.

Exercice 58

SORTEZ VOS CRAYONS DE COULEUR

Que révèle votre création à votre sujet ?

Tous les adultes devraient posséder leur propre boîte de crayons de couleur ou de craies. Ce sont de formidables outils pour s'exprimer. Pour cet exercice, choisissez une boîte comprenant toute la gamme de couleurs et un carnet à dessin de bonne taille. Puis, procédez ainsi :

Première étape :
   Dessinez une scène extérieure dans laquelle il doit y avoir un arbre. Ne lisez pas la seconde étape avant d'avoir complété votre dessin.

Seconde étape :
   Interprétez votre dessin. Remarquez si le tableau est vide ou rempli. Quelles couleurs avez-vous choisies ? Ce dessin représente votre vie et l'arbre vous représente. Sachant ceci, que dit votre dessin sur votre position face à vous-même et à votre environnement ? Êtes-vous en pleine floraison ou en déclin ? Quelle est votre importance par rapport à l'ensemble ?

Exercice 59

TROUVEZ DES SOUS

Recherchez les symboles

Tout en cheminant sur ce que vous croyez être la voie divine de votre vie, prêtez attention aux messages que vous recevez au cours de vos activités quotidiennes et qui vous permettent de vérifier si vous êtes sur la bonne voie. Pour ma part, je recherche les sous, qui sont pour moi des symboles m'indiquant que j'avance dans la bonne direction et me trouve au bon endroit. Chaque fois que j'en trouve un, cela me conforte dans l'idée que je suis sur la bonne voie. Je le vois comme un message confirmant la direction que prend ma vie.

Lorsque je trouve un sou, mon symbole de prédilection, je le garde dans ma poche afin de pouvoir le palper quand j'ai besoin d'être rassuré. Cela me rappelle que je peux trouver du sens dans les endroits les plus inimaginables. En fait, j'ai chez moi un pot rempli de sous que je répands ici et là afin que d'autres gens puissent les trouver à leur tour !

Pendant une semaine, recherchez les symboles qui jalonnent votre parcours et laissez-les vous guider dans la bonne direction.

Exercice 60

DES SYMBOLES QUI GUÉRISSENT

Aménagez votre propre autel

Tout au cours de l'histoire, les peuples ont édifié des autels pour établir un lieu concret de prière, de méditation et de beauté. L'aménagement et le recours à un autel peut accroître votre bien-être et vous procurer de nombreux bienfaits. C'est un lieu où vous pourrez concentrer votre énergie, demander l'assistance divine et exprimer votre gratitude.

Vous pouvez aménager votre propre autel à la maison ou au travail. Commencez par décider à quoi il ressemblera et de quoi il sera fait. Comme vous souhaitez qu'il vous apaise lorsque vous vous en approchez, choisissez des matériaux comme de la soie, des fleurs et des pierres de couleur — des objets qui vous apportent de la quiétude.

Identifiez ensuite la raison pour laquelle vous édifiez cet autel. Que recherchez-vous ? Votre autel peut être conçu pour combler autant vos besoins matériels que spirituels. Choisissez des objets qui ont une signification pour vous. Ce peut être des statuettes représentant des figures symboliques ou religieuses comme Wan Yin, la déesse bouddhique de la compassion, ou d'autres personnages mythiques ou déesses.

Tout ce qui a du sens à vos yeux est approprié. Par exemple, ce pourrait être des plumes, des bougies, des cloches, des fleurs, des confiseries en forme de cœur, des coquillages, des cartes, des objets ou des cadeaux venant d'êtres chers ou des photographies.

Une fois votre autel achevé, concentrez-vous sur votre intention et le sentiment que vous procure votre œuvre. Prenez le temps de prier et de méditer devant votre autel et laissez le divin vous indiquer la direction à prendre et vous donner des réponses. Puis, rendez-lui grâce, retournez à vos activités et utilisez ce qui vous a été donné.

LA MOTIVATION

13

Debout et en avant

La motivation n'a rien à voir avec la puissance de la volonté, mais tout à voir avec la puissance du désir.
— Paul Karasik

13ᵉ *conseil de l'entraîneur*

Certains jours, il est extrêmement difficile de trouver la motivation de se lever et de faire quoi que ce soit. Pour profiter pleinement de la vie, il est essentiel que vous découvriez ce qui vous motive. Sinon, vous raterez une foule d'occasions.

Qu'est-ce qui éveille votre motivation ? Devez-vous d'abord vous sentir animé par une passion intérieure ? La perspective d'aider autrui vous stimule-t-elle ? Ou vous est-il difficile d'être motivé à moins d'être menacé par des conséquences fâcheuses ? Selon les circonstances, vous éprouvez sans doute un de ces trois types de motivation ; de la même manière que la faim nous pousse à manger, il arrive que la douleur et la dépression nous incitent à nous nourrir, et par conséquent deviennent des outils de survie.

La peur peut parfois nous motiver, mais elle peut aussi nous paralyser si on lui en donne la chance. Je me rappelle une histoire que le révérend Norman Vincent Peale, auteur de *La Puissance de la pensée positive*, a racontée il y a plusieurs années. Chaque soir, en rentrant du travail, un homme empruntait un raccourci qui passait par un cimetière. Un soir, il tomba dans une fosse qui venait tout juste d'être creusée. Il avait beau faire, il ne parvenait pas à en sortir, car les rebords de la fosse s'effritaient sous ses mains. Il finit par y renoncer, et comme personne ne répondait à ses appels au secours, il s'installa confortablement et se prépara à passer la nuit dans la fosse. Environ une heure plus tard, il fut réveillé lorsqu'un autre homme tomba à son tour dans la fosse. Ce dernier, ignorant qu'il y avait quelqu'un dans la tombe, entreprit aussitôt d'en sortir. Le premier homme, voulant se montrer serviable, lui dit : «C'est inutile. Tu ne sortiras jamais de cette tombe.» En entendant ces mots, le second homme bondit, agrippa le rebord et sortit du trou comme un boulet de canon.

Donc, peu importe ce qu'il vous faut pour vous lever et foncer, faites-le! Les exercices suivants vous aideront à découvrir ce qui vous motive.

Exercice 61

LES MOTIVATIONS ESSENTIELLES

Un programme de récompenses

Êtes-vous plus enclin à accomplir une tâche lorsqu'il y a une récompense au bout ? Les récompenses sont certes des motivations utiles ; toutefois, si elles constituent toujours votre principale motivation, le désir de satisfaire vos propres intérêts vous empêchera d'accéder à des motivations essentielles comme la compassion et la générosité. Lorsque vous êtes guidé par des émotions altruistes, les récompenses que vous et les gens touchés par vos actes en retirerez excéderont largement vos attentes.

Cependant, un petit programme de récompenses susceptible de vous motiver peut se révéler aussi positif qu'utile. Pour cet exercice, identifiez une ou deux tâches que vous avez de la difficulté à accomplir — des tâches qui vous déplaisent peut-être mais que vous devez néanmoins exécuter — et établissez un programme de récompenses. Divisez cette tâche en plusieurs étapes et déterminez quel petit plaisir vous vous offrirez après avoir complété chacune. Vous pourriez, par exemple, aller au cinéma ou prendre un bon repas au restaurant.

Lorsque vous aurez exécuté toute la tâche, évaluez si les récompenses ont porté fruit. Cela vous a-t-il aidé? Quelles autres récompenses non matérielles pourriez-vous utiliser à la place? Sondez-vous profondément et trouvez quelles sont vos motivations essentielles. Que révèle le genre de récompenses que vous avez choisies sur elles?

Exercice 62

<u>TOURNEZ LA CLÉ</u>

Quelle sorte de voiture conduisez-vous?

Lorsque vous montez dans votre voiture, vous devez tourner la clé pour qu'elle démarre. Quelque chose vous empêche-t-il de tourner la clé, d'appuyer sur l'accélérateur et de faire démarrer votre vie? Avez-vous l'impression d'être coincé en marche arrière ou incapable d'aller de l'avant et de courir un risque?

Le problème vient peut-être de la sorte de voiture que vous conduisez. Pour cet exercice, imaginez que vous êtes un véhicule : lequel seriez-vous? Un autobus ou une voiture de sport? Une maison mobile ou une dépanneuse? Il arrive parfois que nous nous forgions une image de nous-mêmes, ou endossions un rôle, qui ne nous convient pas, et nous perdons alors toute motivation. Si c'est votre cas, cette semaine, faites l'essai, au figuré bien entendu, d'une nouvelle voiture. Si vous étiez une dépanneuse — et passiez le plus gros de votre temps à secourir les autres — et rêvez d'être au volant d'une voiture de sport, allez-y! Ne vous comportez pas en chauffard, mais n'ayez pas peur de changer votre image et de mettre un peu les gaz.

Il n'y a rien de mal à être une dépanneuse si cela donne un sens à votre vie, mais prenez le temps de vous demander si vous conduisez le bon véhicule et empruntez la bonne direction. Je connais une femme qui a démoli sa voiture toute neuve. Celle-ci était munie d'un régulateur de vitesse ; la femme l'a actionné et s'est mise à se coiffer. Comme elle l'a expliqué aux policiers, elle croyait que le régulateur s'occupait de tout. Cette femme ne connaissait pas son véhicule — réfléchissez donc à ce que serait le véhicule adéquat pour vous rendre à destination.

Exercice 63

LE MÉNAGE DU PRINTEMPS

Faites de la place pour du neuf

Tout au long de notre vie, nous accumulons bien du bagage, au propre comme au figuré, et ce qui nous inspire et nous motive risque de se trouver enseveli sous tout ce bazar. Une façon de prendre soin de soi consiste à se débarrasser régulièrement des choses négatives du passé pour faire de la place à de nouvelles pousses positives et leur permettre de croître. Pour cet exercice, vous aurez pour tâche d'entreprendre ce renouveau en faisant le ménage, tant sur le plan matériel qu'émotionnel, de tout ce qui vous encombre et ne vous sert plus. Peu importe la saison, le temps du grand ménage du printemps est arrivé.

Commencez par enlever ce qui obstrue les placards, les tiroirs et les armoires de la cuisine. Débarrassez-vous de tout ce dont vous ne vous servez plus ; pour savoir si un objet est encore utile, demandez-vous si vous l'avez utilisé au cours de l'année. Si vous ne l'avez pas utilisé, éliminez-le. Remettez les articles encore utilisables à un organisme de charité. Défaites-vous des articles ayant une valeur sentimentale au cours d'une petite cérémonie où vous vous engagerez à conserver le souvenir des objets dont vous vous départissez. Puis, réarrangez ce que vous avez conservé.

Toutefois, ne soyez pas trop draconien. Certains vieux objets méritent parfois d'être dépoussiérés et employés à de nouvelles fins ; d'autres ont trop de signification pour être jetés. Il est possible de se relancer et de se défaire du vieux bagage sans repartir complètement à zéro.

Lorsque vous aurez fini, une vie nouvelle pourra naître dans l'espace ainsi libéré. Si vous ne bénéficiez pas d'assez d'espace libre, vous ne pourrez pas profiter de la lumière du jour.

Exercice 64

SE MOTIVER AU QUOTIDIEN

Lisez chaque jour

Plusieurs livres, sites Internet et bulletins offrent des doses quotidiennes d'inspiration. Ils nous fournissent de brefs rappels qui nous gardent sur la bonne voie. Pour cet exercice, trouvez-en au moins un qui vous convient et servez-vous-en. Demandez à vos amis et ou à votre libraire de vous recommander de bons livres. Cherchez un livre proposant un texte pour chaque jour de l'année. Gardez-en un sur votre table de chevet, un autre sur la table du petit déjeuner et un de plus au travail. Cornez les pages importantes et soulignez les passages qui vous touchent spéciale-ment afin que vous puissiez vous y référer lorsque vous aurez vraiment besoin d'inspiration et de moti-vation. Devant moi, sur mon bureau, j'ai placé un message disant : «On trouve la paix en renonçant à ses désirs et non pas en les réalisant.»

Vous pouvez écouter un CD de motivation dans votre auto, ou mettre votre ordinateur à contribution. Tapez les mots-clés «sites de motivation» sur un moteur de recherche comme www.google.com. Voici deux sites qui vous transmettront chaque jour des messages susceptibles de vous inspirer : www.the-dailymotivator.com et www.strategiesforliving.com.

Quelle que soit votre méthode, appliquez-vous chaque jour à demeurer concentré et serein.

Exercice 65

DE PETITS EFFORTS

Une étape à la fois

Lorsque vous vous trouvez gravement en panne de motivation et d'inspiration, il est parfois préférable de vous autoriser à mettre une tâche de côté et de vous reposer. Dans ce cas, évitez de vous sentir coupable ou de vous blâmer. Pour cet exercice, identifiez un projet à long terme que, pour une raison quelconque, vous n'avez pas réussi à achever et oubliez-le pour le moment.

Puis, lorsque vous récupérerez votre énergie et votre motivation, reprenez-le doucement. N'essayez pas de reprendre le temps perdu, mais progressez avec régularité jusqu'à ce que la fatigue vous gagne. En y allant doucement, vous resterez motivé plus longtemps et vous compléterez votre tâche sans vous épuiser. Il est parfois préférable de fournir de petits efforts jusqu'à ce qu'on atteigne un rythme de croisière et que le projet devienne assez intéressant pour qu'on s'y engage à fond. C'est alors que vous dépasserez vos limites habituelles — que vous sortirez des sentiers battus, comme on dit — et que les choses deviendront excitantes.

Divisez le travail en petites étapes. Chaque progrès débute par un pas, et si vous continuez à mettre un pied devant l'autre, vous finirez par atteindre la ligne d'arrivée. Lorsque je cours un marathon, j'avance d'un pas à la fois, sans me demander jusqu'où je me rendrai. Je me contente de me concentrer sur le fait d'avancer et, au bout du compte, j'atteins la ligne d'arrivée. Une fois, j'ai entendu une spectatrice s'exclamer : «Vous êtes tous des gagnants.» Jamais je n'oublierai le cadeau qu'elle nous a fait en disant ces mots. Lancez-vous donc, et vous découvrirez que, dans un marathon, certains kilomètres sont faciles à courir et suivent une pente descendante.

SOYEZ ACTIF

14

Engagez-vous. Maintenant

Tout au long de votre vie, il y a une voix que vous seul entendez. Une voix que les mythologues nomment « l'appel ». Un appel qui donne sa valeur à votre existence. Qui vous incite à choisir le risque et la félicité individuelle en lieu et place du connu et de la sécurité. Vous pouvez choisir de ne pas écouter votre âme. Vous pouvez préférer bâtir votre vie à l'intérieur d'un cadre déterminé, pour éviter les risques. Il est possible d'être heureux dans un cadre familier, dans le confort et le contrôle. Ou vous pouvez choisir de vous ouvrir à des expériences nouvelles, de dépasser les limites de votre conditionnement, de répondre à l'appel. Dans ce cas, vous devez passer à l'action. Si vous n'entendez jamais cet appel, il est possible que rien ne soit perdu. Mais si vous l'entendez et l'ignorez, c'est votre vie que vous perdez.

— JENNIFER JAMES

14ᵉ conseil de l'entraîneur

C'est un fait avéré : lorsqu'on aide autrui, on s'aide soi-même. S'engager dans une bonne cause ou un organisme de charité est un excellent entraînement pour l'âme et un moyen infaillible de donner davantage de sens à votre vie. La première étape consiste à vous lever et à bouger. Quand vous bougez, la chimie de votre corps change. Des études ont démontré que lorsqu'on marche et qu'on s'active physiquement, le corps produit des substances biochimiques semblables aux antidépresseurs. En outre, ceux qui font du bénévolat sont plus en santé et vivent plus longtemps. Je me souviens qu'au début de l'épidémie du sida, ceux qui, bien qu'étant séropositifs, aidaient bénévolement les autres demeuraient en santé plus longtemps.

Lorsque vous vous engagez dans une cause ou dans du bénévolat, vous vous trouvez à changer bien plus que votre propre situation, et vous vous sentez rempli d'énergie. Les fruits de vos efforts profitent non seulement à vous-mêmes et à ceux que vous aimez, mais également au monde entier.

Donc, remuez-vous et engagez-vous. Ce que vous faites importe peu, en autant que vous fassiez quelque chose. Vous pouvez vous installer au sommet d'un séquoia pour sauver des arbres ou aider les démunis de votre municipalité ou de l'autre bout du monde ;

faites ce qui a du sens pour vous. La physique quantique nous apprend que le désir et l'intention peuvent changer le monde.

Les exercices suivants vous aideront à entendre l'appel de votre cœur et vous motiveront à vous engager davantage.

Exercice 66

PRATIQUEZ LE BÉNÉVOLAT

Engagez-vous

Pratiquer le bénévolat contribue grandement à donner un sens à la vie. Vous pouvez ainsi mieux définir ce que vous êtes venu accomplir ici-bas en vous y adonnant activement. Pour cet exercice, trouvez une façon de pratiquer le bénévolat dans votre communauté et assurez-vous que ce soit sur une base régulière. Songez à la forme que le service prendra pour vous. Quelles sont vos aptitudes ? Qu'aimez-vous faire ? À qui voudriez-vous rendre service ? Un de vos amis ou un membre de votre famille est-il atteint d'une maladie ou d'un handicap que vous souhaiteriez aider à combattre ? Le faites-vous ? Y a-t-il une question politique qui vous passionne ? Quel que soit votre choix, l'objectif est simple : trouver une façon de servir ce qui vit, qu'il s'agisse de personnes, d'animaux ou de la nature.

Pour ma part, être bénévole dans des refuges pour animaux, à l'école, dans des maisons de retraite, chez les scouts et pour l'organisme Les Grands Frères et Grandes Sœurs sont les activités qui me passionnent le plus et auxquelles je participe volontiers dans ma communauté. Par ailleurs, j'apporte aussi ma contribution en ramassant les objets recyclables jonchant le bord des routes, en pelletant la neige ou en tondant le gazon chez des voisins âgés, en transportant et en emballant des paquets au comptoir de sortie du supermarché, en contribuant à des œuvres de charité comme Habitat pour l'humanité, et en installant des panneaux et des réflecteurs sur les routes municipales pour les rendre plus sécuritaires. Allez, debout, remuez-vous et allez aider!

Exercice 67

FONDEZ UN CLUB

Partagez vos intérêts et apportez votre concours

Une autre façon d'apporter votre concours à votre communauté est de fonder un club réunissant des personnes ayant des intérêts et des loisirs communs. Cet exercice peut être une solution de rechange à l'exercice 66. Lorsqu'on partage avec d'autres un intérêt ou un désir, on fait bouger les choses. Vous souciez-vous des parcs ou des écoles de votre quartier ? D'autres s'en soucient également, et vous pourriez être celui qui les rassemblera. Vous vous adonnez à l'ornithologie ? Vous pourriez réunir d'autres ornithologues et vous donner pour but de créer un sanctuaire d'oiseaux ou d'installer des mangeoires dans les bois. Quelques-uns des clubs les plus passionnés que je connaisse se sont donné pour mission de ralentir le développement immobilier de leur communauté et de préserver les espaces naturels.

Vous pourriez dans un premier temps inviter vos voisins à une soirée afin qu'ils fassent connaissance, puis instaurer un programme de surveillance de quartier. En assumant certaines responsabilités dans votre communauté, aussi modestes soient-elles, vous élargissez votre réseau social et créez une ambiance plus chaleureuse. Le fait de défendre des valeurs partagées par les membres de votre communauté vous garde actif tout en améliorant la qualité de vie de tous.

Exercice 68

METTEZ-VOUS DANS LA PEAU
DE QUELQU'UN D'AUTRE

Compassion et sincérité

Pour être véritablement engagé, il faut comprendre ce que les autres ressentent et se soucier sincèrement d'eux et de leur détresse. C'est difficile de comprendre vraiment ce qu'on n'expérimente pas. Les touristes et les natifs ne vivent pas la même chose. En tant que médecin, je n'ai pas compris vraiment ce que mes patients vivaient jusqu'au jour où j'ai été à mon tour un patient. Lorsque vous sortez de votre cadre familier, vous élargissez vos horizons et abordez la vie d'un point de vue plus humanisé.

Pour cet exercice, choisissez une personne dont la vie est à l'opposé de la vôtre et imaginez-vous à sa place ; prenez conscience de ce que vous ressentez et de ce que l'autre personne peut ressentir et pourquoi. Quelles difficultés qui vous sont inconnues doit-elle affronter ? Comment les surmonteriez-vous si vous le deviez ? Le fait de reconnaître que d'autres se trouvent dans une situation plus pénible que la vôtre et de leur tendre une main secourable donnera un sens à votre vie. Penser aux autres, les aider, vous fera oublier vos propres problèmes et, ce faisant, vous remarquerez avec étonnement que vous trouvez votre vie plus agréable.

La prochaine fois que vous verrez ou rencontrerez quelqu'un qui traverse une période difficile, songez à ce que cette personne doit ressentir et à ce qui l'a conduite là. Montrez-vous gentil. Même si vous ne lui offrez que votre temps et votre prévenance, vous lui ferez du bien.

Exercice 69

N'OUBLIEZ PAS VOS
CONVICTIONS FONDAMENTALES

Que défendez-vous ?

En quoi croyez-vous profondément ? Qui, ou quoi, est le Seigneur de votre vie ? Pour cet exercice, dressez la liste de vos convictions profondes. Lorsque ce sera fait, réfléchissez à la manière dont chacune influence votre vie et vos décisions. Tous vos actes sont-ils en accord avec ces convictions fondamentales ?

Si ce n'est pas le cas, quels sont alors les principes qui vous gouvernent actuellement ? Dressez une seconde liste avec ces convictions « malsaines », celles qui vous entraînent à faire des choix négatifs. Bien entendu, d'ordinaire nous n'appelons pas « convictions » nos pulsions négatives, mais elles se manifestent de la même façon. Et elles peuvent empêcher nos actes de concorder avec nos désirs.

Maintenant, songez à la façon dont vos actes négatifs changeraient s'ils étaient motivés par vos convictions profondes. Idéalement, comment apporteriez-vous de la beauté et de l'espoir dans ce monde d'une manière digne de la personne que vous voulez être ? Dressez une dernière liste de ce que vous n'avez pas encore fait pour manifester vos convictions profondes dans votre vie et dans le monde. Conservez cette liste dans un endroit où vous pourrez la consulter fréquemment, et refaites cet exercice dès que vous avez le sentiment que votre vie s'écarte de vos croyances.

Si vous éprouvez de la difficulté à cerner vos croyances, tournez-vous vers les grands maîtres, comme Bouddha, ou vers les enseignements de la Bible. Lisez des livres sur les sages du passé, sur leur combat et leurs efforts pour enseigner à autrui comment s'épargner les leçons douloureuses de l'existence.

Soyez prêt à défendre vos convictions, parlez-en aux autres, écrivez sur le sujet, et faites pression pour que ce qui vous tient à cœur se réalise.

Exercice 70

SOYEZ VOTRE PROPRE PORTE-PAROLE

Défendez vos droits

L'oppression règne sur le monde : oppression des idées, des sentiments et des gens. Nous sommes généralement enclins à voir surtout ce qui nous différencie des autres et non ce en quoi nous nous ressemblons. Nous devenons ainsi nos propres oppresseurs. Résistez à cette tendance et défendez ouvertement vos convictions. Prenez la parole au nom de ceux qui ne peuvent pas se défendre eux-mêmes. En les aidant, vous vous aidez, et vous faites de notre monde un endroit plus libre et plus humain. Exprimez vos sentiments, vos idées, vos propos. Votre point de vue est important. Vous faites partie de l'espèce humaine, et vous pouvez accomplir beaucoup pour améliorer les choses.

Trouvez le courage de vous battre pour vos convictions, soit en faisant la promotion du candidat pour lequel vous allez voter, soit en vous ralliant à ceux qui s'opposent à la construction d'un centre commercial au bout de la rue. Vous méritez d'être entendu. Vos désirs et vos besoins ont de l'importance. Oubliez les messages inhibiteurs de votre passé et développez votre aptitude à communiquer et à améliorer le monde qui vous entoure.

LA GYMNASTIQUE SPIRITUELLE

15

Faites de l'exercice à l'intérieur de vous-même

Le bonheur, c'est ça : se dissoudre
dans un grand tout.
— **WILLA CATHER**

15ᵉ conseil de l'entraîneur

Voici un type d'exercice très bénéfique que l'on peut pratiquer en tout temps et en tout lieu. Il exige certes une certaine dose de concentration et de discipline, mais les bienfaits que vous en retirerez amélioreront votre vie dans son ensemble. Le type d'exercice dont je parle est la gymnastique spirituelle.

Je dis bien spirituelle, et non religieuse, car ces deux mots n'ont pas toujours la même signification. Je pense que de nombreux prophètes et sages des temps anciens, comme Jésus et Bouddha, ont prouvé de façon exemplaire qu'on peut vivre dans la spiritualité sans accorder une importance démesurée aux rituels

et à la théologie. Je crois que les religions institution-
nalisées ont leur importance, et elles m'ont beaucoup
appris sur l'art de vivre. Mais la gymnastique spirituelle exposée dans ce chapitre est non confes-
sionnelle et tous peuvent la pratiquer dans le but
d'améliorer leur vie. Si vous comprenez l'histoire et la
signification des rituels religieux, et les pratiquez
pour ces motifs, ils peuvent se révéler salutaires. Mais
quand on les pratique sans comprendre, ils sont
dépourvus de sens et peuvent devenir
problématiques.

Nombre d'exercices spirituels simples peuvent
vous rendre la vie meilleure ; mentionnons, entre
autres, la prière et la méditation quotidiennes, pour
apaiser votre intellect et trouver votre lien spirituel,
plusieurs sortes de yoga, la lecture de textes spirituels, et les conférences prononcées par des hommes
et des femmes détenant une certaine sagesse et susceptibles de vous guider et de vous inspirer. La pratique de la spiritualité vous soutiendra tout en vous
apportant de la paix et de la sagesse. Il n'est pas
nécessaire que ce soit une quête solitaire. Étudiez les
enseignements des personnes que vous admirez et
inspirez-vous-en pour trouver votre voie spirituelle.
La sagesse des maîtres et des temps anciens vous
épargnera bien des souffrances.

Exercice 71

SUIVEZ LE SOLEIL

Du lever au coucher du soleil

Chaque jour obéit à un cycle et à un rythme naturels. Le soleil se lève et se couche. La plupart des gens mènent une vie si accaparante qu'ils perdent le fil qui les relie à ce cycle naturel. La vie obéit elle aussi à un cycle; le cercle de la naissance et de la mort jalonné d'événements et de rituels spirituels. Nous sommes tous reliés, et c'est ce lien qui nous maintient en vie.

Pendant un jour complet, oubliez le travail et les obligations pour observer le cycle d'une journée complète. Allez dans un endroit où la vue du ciel ne sera pas obstruée; le bord de l'eau ou le sommet d'une montagne sont parfaits. Éveillez-vous avant le lever du soleil et observez ses premiers rayons apparaître, puis regardez le soleil s'élever au-dessus de l'horizon et le jour naître. Tout au long de la journée, notez comment les plantes, les animaux et les gens réagissent aux phases du soleil, de son lever à son coucher. Soyez attentif au rythme naturel auquel une journée obéit. Le soir venu, assurez-vous de regarder le soleil se coucher depuis l'endroit où vous l'aviez vu se lever, puis passez une partie de la soirée à découvrir le rythme plus calme de la nuit.

À la naissance du jour nouveau, oubliez vos soucis et acceptez le cycle de la vie. Au fil de vos journées, n'accumulez pas les ennuis du passé. Rejetez-les dans l'obscurité de la nuit et éveillez-vous régénéré par la lumière du jour.

Exercice 72

MÉDITEZ

Tournez-vous vers l'intérieur

Depuis fort longtemps, une multitude de personnes méditent, autant pour se détendre que pour se relier au divin. La vie moderne est pleine de distractions, et la méditation est une méthode pour les repousser. Vous arrive-t-il souvent de prendre le temps de vous asseoir pour vous écouter ou juste pour vous offrir quelques instants de quiétude ?

Lorsque je conseille aux gens d'essayer de méditer, plusieurs d'entre eux me confient qu'ils se sentent coupables de ne pas le faire aussi souvent et comme je le suggère. Pourtant, la méditation se révèle plus efficace lorsqu'on ne la pratique pas de façon trop formelle. Le fait de passer quelques instants à simplement jouir de votre journée est également une forme de méditation.

Le but de la méditation est de susciter une paix intérieure et un degré plus élevé d'éveil. La méditation accroît la conscience et vous rend sensible à la nature de la vie. C'est une sorte de thérapie qui opère depuis l'intérieur, depuis la sagesse consciente du cœur et de l'esprit. Il y a plusieurs formes de méditation, et pour cet exercice, vous devrez en intégrer une à votre routine quotidienne. La méditation la plus simple consiste à s'assoir dans le calme, les yeux fermés, et à être attentif à ce qui se passe à l'intérieur de vous. Cependant, vous trouverez facilement plusieurs livres et CD expliquant d'autres formes et styles de méditation; certaines méditations comprennent des chants, des paroles, des mouvements ou des exercices physiques. Ne vous laissez pas rebuter par des méthodes spécifiques. Il n'est pas nécessaire de suivre une méthode rigide pour jouir des bienfaits salutaires de la méditation.

Vous pouvez méditer en marchant, en étant assis, en écoutant de la musique ou en lisant des textes remplis de sagesse, et le résultat final sera le même. Une bonne méditation élèvera inévitablement votre niveau de conscience et d'éveil.

Exercice 73

COMMUNIQUEZ AVEC LE DIVIN

Distribuez des bénédictions

Chaque jour, je prie autant pour ceux que j'aime et qui me tiennent à cœur que pour ceux qui me rendent la vie difficile. Je prie même pour des gens que je ne connais pas s'ils influencent ma vie. Je prie aussi pour moi, mais en toute franchise, la vie de ceux que j'aime me préoccupe plus que la mienne, et je consacre donc plus de temps à prier pour eux.

Des recherches scientifiques ont montré que, lorsqu'on prie, il est plus bénéfique de bénir des gens que d'exprimer des demandes précises. Donc, ce que je fais, et vous suggère de faire, est de bénir ceux que vous aimez et de les inonder d'une lumière providentielle où leurs besoins seront comblés.

Pourquoi est-ce que je prie également pour ceux qui me rendent fou ? Parce que cela me libère de leur emprise et m'aide à les voir sous un autre jour. Je commence aussi à mieux les comprendre et, grâce à cette compréhension, je peux leur pardonner et me pardonner moi-même.

Pour cet exercice, prenez l'habitude de prier chaque jour. Faites-le de la manière qui vous convient. Communiquez avec le divin et priez pour vous, pour ceux que vous aimez, pour ceux que vous n'aimez pas et pour que le monde devienne un lieu plus paisible et rempli d'amour.

Exercice 74

DES OUTILS POUR VOUS GUIDER

Une assistance spirituelle

Lorsque je fais une conférence, je mentionne souvent cette affirmation de Jung selon laquelle le futur est inconsciemment préparé longtemps d'avance et que, par conséquent, les personnes douées de clairvoyance peuvent le prévoir. Si toutefois vous voulez épargner de l'argent, vous pouvez connaître ce que l'avenir vous réserve à faible coût. Pour ma part, je suis fasciné par le I Ching, les Oracles des anges ou les Cartes Médecine, et je m'en sers. J'ai aussi essayé les runes, le tarot et le ouïja.

Les peuples anciens utilisaient ces instruments de divination à des fins de croissance spirituelle, en partie parce qu'ils étaient plus ouverts d'esprit envers la nature de la vie et la sagesse ; ils n'étaient pas obnubilés, comme nous le sommes, par la technologie. Ils savaient qu'il y a plusieurs moyens de communiquer avec le conscient et l'inconscient.

Pour cet exercice, élargissez votre esprit et essayez quelques-uns de ces instruments spirituels de divination. Vous pourriez être renversé par les indications qu'ils vous donneront et que votre intellect avait ignorées. J'ai été témoin de plusieurs expériences fascinantes lors de divers rassemblements où on recourait à des tambours, à des gongs et des cloches, à des boules de cristal, à des pendules, à l'astrologie et à des régressions dans des vies antérieures. Si c'est thérapeutique, je suis prêt à tenter l'expérience. Laissez donc votre ange vous parler. Mais n'en parlez pas à votre thérapeute, sauf s'il est également ouvert à l'approche holistique.

Exercice 75

QUEL EST VOTRE RÔLE?

Notre importance

Il m'arrive parfois de me présenter comme étant un consultant externe du Conseil d'administration du Ciel. Au cours de notre vie, nous accumulons les rôles : parent, enfant, pourvoyeur, professeur, amant, etc. Pourtant, nous jouons un rôle encore plus important ; nous faisons tous partie d'un grand tout spirituel. Nous ne sommes pas moins importants que toute autre partie de l'univers. Nous sommes faits de la matière divine dont toute chose est issue — de l'immense énergie indifférenciée, intelligente et aimante. Sachez que vous faites partie de la famille divine et que vous avez une tâche à accomplir.

Au cours des dix prochains jours, imaginez que vous êtes le bras droit de Dieu (ou de l'Esprit). Rappelez-vous ceci chaque jour avant de décider de ce que vous allez faire ou dire. Vous avez un rôle spécial à jouer ; ce que vous faites importe. Demandez-vous « comment puis-je aider ? », « comment puis-je changer les choses ? ». Rappelez-vous qui vous êtes vraiment et agissez en conséquence.

AFFRONTEZ VOS PEURS

16

Étreignez votre peur et regardez-la s'endormir entre vos bras

Je ne connaîtrai pas la peur, car la peur tue l'esprit.
La peur est la petite mort qui conduit à l'oblitération
totale. J'affronterai ma peur. Je lui permettrai de
passer sur moi, au travers de moi. Et lorsqu'elle
sera passée, je tournerai mon œil intérieur sur son
chemin. Et là où elle sera passée, il n'y aura
plus rien. Rien que moi.
— FRANK HERBERT

16e conseil de l'entraîneur

Si votre vie est limitée par la peur, examinez de près
ce qui vous effraie précisément. Il n'y a pas de résolution possible tant que vous n'avez pas défini et affronté
vos peurs. Lorsque quelqu'un me parle de ses peurs,
je lui demande de les définir et de les décrire en détail
afin que nous ne discutions pas d'une vague notion.
Les peurs les plus courantes ont trait à la mort, à la

perte d'un emploi, au divorce, mais je dois comprendre ce que cela signifie pour l'individu en question. Lorsque nous définissons nos peurs, nous nous apercevons que nous ne sommes pas impuissants et pouvons apporter des changements.

La visualisation vous aidera à surmonter vos peurs. Dans un premier temps, visualisez ce que vous redoutez, puis imaginez une résolution qui se déroule avec succès. On a peur lorsqu'on imagine le pire, qu'il s'agisse des résultats d'une demande d'emploi ou d'un diagnostic de cancer. Vous pouvez vous reprogrammer et améliorer votre existence. J'enseigne aux gens à considérer leur peur comme un enfant en pleurs. Prenez-le dans vos bras, serrez-le contre vous et observez ce que font l'enfant et vos peurs. Apprendre à étreindre vos peurs vous ramènera à la vie.

Certaines personnes ont peur de sortir de chez elles et vivent en recluses. Pourquoi ont-elles peur ? Pourquoi ne pas sortir et vivre et cesser de se soucier de ce qui pourrait arriver, ou de ce que les gens pourraient penser ? Je connais des gens qui se sont défaits de leur agoraphobie lorsqu'ils ont appris qu'ils étaient atteints d'une maladie mortelle. C'est-à-dire que quand ils ont eu un réel sujet d'inquiétude, ils ont laissé tomber les petits tracas. Mais il s'agit toujours de petits tracas. Il nous faut comprendre que tout ce que nous redoutons, d'autres l'ont déjà vécu et y ont survécu, et que nous sommes tous de la même espèce.

Les exercices de ce chapitre proposent des outils qui vous aideront à définir, à embrasser et à surmonter vos peurs.

Exercice 76

DE QUOI AVEZ-VOUS PEUR ?

Connaître et embrasser votre peur

Faites face à vos peurs et embrassez-les ; elles perdront de leur importance. Lorsque vous affronterez votre peur, le monstre qui vous semblait si menaçant se transformera en petit lézard. Mais si vous persistez à le fuir, il ne cessera pas de vous poursuivre. N'attendez pas d'être atteint d'une maladie mortelle pour vous donner la permission de prendre un risque et d'affronter vos peurs.

Pour cet exercice, identifiez une chose que vous avez toujours eu peur de faire et faites-la. Ce pourrait être une activité que vous avez toujours voulu faire mais où vous redoutiez un échec — par exemple un sport comme le ski ou le fait de chanter en public — ou ce pourrait être une phobie. Si vous avez peur des hauteurs, allez sauter en parachute, faites un tour de montagnes russes, ou offrez-vous une envolée dans un petit avion. Si vous souffrez d'agoraphobie, le seul fait de sortir dans une foule sera héroïque.

Lorsque vous aurez arrêté votre choix, prenez d'abord le temps de vous visualiser en train de faire cette activité avec succès et sans crainte. Voyez-vous y prendre part avec aisance. Une musique relaxante en fond sonore peut se révéler utile. Tout en imaginant chaque étape de l'activité, soyez conscient des sentiments qui émergent. À la fin de la visualisation, voyez-vous affichant un grand sourire et ayant réussi.

Puis, mettez votre plan en œuvre. Donnez-y suite et passez à l'action. Prenez un risque. Redevenez un enfant, sans les inhibitions et les peurs imposées par les adultes. Il se pourrait même que vous y preniez du plaisir !

Exercice 77

DÉBARRASSEZ-VOUS DE VOS PEURS

Une boîte de rangement

Nous sommes nombreux à nous laisser accaparer par nos peurs et nos inquiétudes. Elles deviennent comme des compagnes familières et occupent notre esprit jour après jour. On pourrait discuter longuement de l'adage « Loin des yeux, loin du cœur ». Bien que nous ne voulions pas devenir inconscients de nos peurs et de la manière dont elles nous touchent, pour cet exercice, nous allons leur offrir un nouveau toit.

Choisissez une boîte spéciale, petite et hermétique, et faites-en un refuge pour vos peurs et vos inquiétudes. Chaque fois qu'une de vos peurs émerge, notez ce qui vous effraie et l'événement qui a provoqué ce sentiment et perturbé votre tranquillité d'esprit. Rangez ces notes dans votre petite boîte, que vous refermez, et imaginez qu'une fois qu'elles s'y trouvent, elles sont remises aux gardiens divins, qui en auront la garde.

Ouvrez périodiquement cette boîte et relisez vos notes. Vos peurs finiront par disparaître, et lorsque ce sera le cas, jetez la note y ayant trait. Avec le temps, les peurs contenues dans la boîte se retrouveront à la décharge publique, et vous ne les verrez ni ne les éprouverez plus.

Exercice 78

CHERCHEZ DES SOLUTIONS

Des solutions pratiques

La plupart de nos peurs plongent leurs racines dans notre enfance. Avant de devenir adultes, nous avons enregistré des messages et fait nôtres les problèmes d'autrui : de nos parents, de nos professeurs et d'autres figures d'autorité. On a appris à certains d'entre nous à s'attendre au pire et on ne leur a pas fourni les ressources nécessaires pour surmonter leurs peurs. En tant qu'adultes, nos problèmes ne découlent pas tant de la façon dont le monde nous traite mais bien de la manière dont nous avons au départ appris à l'approcher.

Cet exercice est conçu pour vous aider à venir à bout de vos peurs. Prenez une feuille de papier lignée et divisez-la en deux colonnes. Dans celle de gauche, dressez la liste de vos peurs, une à la fois. Exprimez et définissez en détail ce que vous redoutez. Dans la colonne de droite, écrivez les étapes que vous devez franchir pour résoudre les problèmes engendrés par vos peurs. Certaines solutions seront d'ordre personnel, d'autres d'ordre pratique. Pouvez-vous amener des changements en vous-même et dans votre vie, par exemple en aidant les autres ou en corrigeant vos croyances et votre comportement ?

Maintenant, attribuez à chacune de vos peurs un chiffre indiquant l'importance qu'elle a dans votre vie. Cela fait, choisissez celle sur laquelle vous allez travailler et commencez dès aujourd'hui. Il est parfois plus facile de s'attaquer à des peurs de moindre importance, histoire de prendre de l'assurance et de constater qu'on peut changer. Entretemps, conduisez-vous comme la personne que vous souhaitez être, et imitez-la jusqu'à ce vous deveniez celle-ci.

Exercice 79

FAITES FACE

Vous en êtes capable

La prochaine fois qu'une peur particulière vous accaparera l'esprit, faites cet exercice efficace. J'y ai recours depuis des années et il vient toujours à bout de mes inquiétudes.

Supposons que je doive prononcer un discours très important dans une autre ville. En route vers l'aéroport, je me trouve coincé dans un terrible bouchon de circulation et je crains de rater l'avion. La situation semble sans issue, je commence à m'agiter, à m'inquiéter, à avoir peur et à chercher des solutions inexistantes. Alors, au lieu de me dire de ne pas m'en faire, j'imagine ma réaction à chacune de mes inquiétudes, poussant mes peurs à leur paroxysme. Que vais-je faire si je rate l'avion ? S'il n'y a pas d'autres vols pour cette destination ? Si je ne sors jamais de ce bouchon ? Combien de temps pourrai-je survivre sans nourriture, sans toilettes, sans chauffage ? Qui découvrira mon corps émacié, dans plusieurs semaines ? Lorsque j'arrive à ce point du « drame », je ris et je suis nettement plus détendu. Je sais bien que la Terre va continuer de tourner si je rate l'avion et j'ai prévu quelques solutions si cela se produisait. Allez savoir, l'avion sera peut-être en retard et j'arriverai à temps.

Voici un autre exemple. Supposons que vous ayez peur de ne pas pouvoir payer votre loyer ce mois-ci. Imaginez le « pire scénario ». Demandez-vous « Quelle est la pire chose qui puisse arriver si je ne paie pas mon loyer à la date prévue ? ». Le propriétaire sera furieux contre moi. Demandez-vous « Puis-je y faire face ? ». Répondez toujours OUI. Puis, poursuivez. Quel effet cela aura-t-il sur ma cote de crédit s'il va raconter partout que je n'ai pas payé mon loyer à la date prévue ? Et si je ne pouvais pas payer le loyer du tout ? Et s'il me jetait dehors ? Chaque fois que vous répondez, affirmez que vous pourrez faire face à la situation. Lorsque vous en arriverez à la scène où le propriétaire vous fait jeter en prison, vos inquiétudes précédentes vous sembleront moins terribles. Vous trouverez peut-être des solutions inattendues, comme le désir de vous trouver un meilleur endroit où habiter ou un propriétaire plus agréable. Peu importe ce qui arrivera, après cet exercice, vous vous sentirez mieux et vous vous moquerez de vous. Et, dans le doute, demandez-vous toujours QFL.

Exercice 80

TRANSFORMEZ LA VIE EN CADEAU

N'oubliez pas de vivre

Les peurs risquent de vous imposer des limites et de vous empêcher de vivre pleinement. L'une des peurs les plus communes est la peur de mourir. Qui souhaite mourir sans avoir vécu pleinement ? Songez aux feuilles d'automne. Pourquoi prennent-elles d'aussi belles couleurs avant de tomber de l'arbre ? Dieu me dit qu'il essaie juste d'attirer les touristes en Nouvelle-Angleterre, mais je pense qu'il y a plus.

Je pense que ces feuilles aux couleurs vives nous disent de cesser d'être juste une autre feuille verte s'efforçant de plaire à l'arbre familial en ne se faisant pas remarquer ou en ne se distinguant pas des arbres alentour. Lorsqu'arrive l'automne, elles se rendent compte que leur vie achève, elles abandonnent leur parure verte et exposent leur singularité et leur beauté. Elles ne se soucient plus de ce que les autres peuvent penser.

N'attendez pas l'automne pour laisser éclater les couleurs uniques de votre vie. Prenez dès maintenant le temps d'accepter le fait que vous allez mourir, et sachant cela, libérez-vous et devenez vous-même. Savoir en quoi consiste cette peur de mourir est une façon de l'affronter, et c'est ce que cet exercice vous

propose. Vous pourrez ainsi faire face et vous préparer à ce qui vous fait particulièrement peur. Par
exemple, si vous craignez la douleur et la souffrance,
l'isolement, les longs traitement médicaux, ou quoi
que ce soit d'autre, vous pouvez discuter avec votre
médecin, votre famille ou votre directeur de conscience des mesures que vous entendez prendre et de
l'aide dont vous aurez besoin. Mettez dès maintenant
en place les ressources adéquates et trouvez le courage d'accepter et non pas de nier le fait que vous
allez mourir un jour. Cela aura un effet thérapeutique
et vous permettra de vivre pleinement le temps qui
vous est alloué.

CHAPITRE

UN 911 ÉMOTIONNEL

17

*Composez avec le stress —
le comportement du survivant*

Chaque moment difficile a le potentiel
d'ouvrir mes yeux et mon cœur.
— Myla Kabat-Zinn

17ᵉ *conseil de l'entraîneur*

Pour moi, le nombre 911 représente deux choses. Premièrement, c'est le numéro que l'on compose en cas d'urgence[3] ; deuxièmement, c'est la date[4] à laquelle, en 2001, des terroristes ont détruit les tours jumelles de New York. Sur le plan de l'âme, ces deux choses ont des traits en commun. Dans la Bible, Jonas n'a pas composé le 911 lorsqu'il a été avalé par une baleine, parce que ce service ne répond pas aux appels provenant de baleines. Il savait toutefois que sa voix serait entendue et ses prières exaucées. Il a dit : « Du fond de l'abîme j'ai crié, et tu as entendu ma voix. » Voici ce

---

3. En Amérique du Nord (N.d.T.)

4. 9-11 ou, en français le 11 septembre (N.d.T.)

qu'est la foi véritable, et c'est ce qui vous permettra de surmonter toute situation digne du 911.

Les catastrophes nous rappellent aussi que notre passage sur cette Terre est d'une durée limitée et que ce temps est précieux. Songez à tous ces appels que, lors du 11 septembre, des gens ont lancés depuis leur téléphone cellulaire avant de mourir pour dire « Je t'aime » à ceux qu'ils chérissaient. J'espère que vous accepterez le fait que vous êtes mortel et ne laisserez pas vos tracas vous empêcher d'exprimer votre amour. Chaque fois que vous quittez la maison ou y revenez, dites « Je t'aime ».

Une situation d'urgence peut aussi nous porter à donner le meilleur de nous-mêmes comme individus ou comme groupes. Lorsque l'un d'entre nous est blessé et dans le besoin, nous devenons tous membres d'une même famille. Pour préserver notre bien-être émotif, nous devons conserver cet esprit de corps, même quand nous ne sommes pas menacés par des terroristes ou une situation d'urgence.

Le stress fait indéniablement partie de la vie. Nous devons y faire face en nous comportant comme des survivants et non comme des victimes. Les survivants bougent, agissent et s'expriment au lieu de renoncer et de se rendre. Les survivants passent à l'action. Récemment, j'ai lu l'histoire d'une brave femme âgée qui, devant le voleur qui venait de pénétrer dans son appartement, l'a menacé de composer le

911. Elle a frappé le voleur avec le téléphone lorsqu'il a tenté de lui arracher l'appareil. Le voleur s'est enfui précipitamment, conscient qu'il venait de rencontrer une survivante et non une victime.

N'hésitez pas à appeler à l'aide lorsque vous vivez une situation d'urgence émotionnelle. Appuyez-vous sur les gens qui, dans votre vie, seront toujours là pour vous, peu importe les circonstances. Imitez aussi Jonas et ayez foi dans vos ressources spirituelles.

Les exercices qui suivent vous aideront à acquérir des ressources précieuses pour composer avec les événements stressants et émotionnellement difficiles de votre vie.

Exercice 81

VIVE LE CHOCOLAT!

Stimulez votre production d'endorphines

Lorsque vous êtes déprimé, manger du chocolat est une excellente façon de vous remonter le moral. Je recommande toujours de consommer de la glace au chocolat pour se revigorer. Cela nous donne le sentiment d'être aimé et heureux. Le chocolat est une bonne thérapie contre les petites déprimes quotidiennes. Pour cet exercice, faites provision de chocolat noir ou de glace au chocolat et mangez-en chaque fois que vous avez besoin d'un peu d'amour! Croyez-le ou non, le chocolat est bon sur le plan physique et émotif, à condition d'en consommer modérément.

La plupart des gens ne se rendent pas compte que la vie nous offre de la glace au chocolat sous diverses formes. Demandez-vous quelle glace au chocolat agrémente votre vie, et la réponse vous aidera à découvrir quelle direction votre vie devrait prendre et ce que vous devriez faire de votre temps.

Exercice 82

SOYEZ VOTRE PROPRE SERVICE D'ASSISTANCE TÉLÉPHONIQUE

Comment trouver des réponses

La prochaine fois que vous vous trouverez en état de détresse psychologique, essayez ceci : imaginez qu'il existe un service d'assistance téléphonique qui vous apportera toutes les réponses dont vous avez besoin. Appelez-le et imaginez ce que la personne au bout du fil vous dirait. Quelles questions poserait-elle et quelles étapes proposerait-elle pour vous aider à résoudre votre problème, qu'il s'agisse d'un deuil, de tristesse, de solitude, de culpabilité ou d'autre chose? En réalité, ce service d'assistance téléphonique est à votre disposition chaque fois que vous prenez le temps de tendre l'oreille.

Si c'est ma mère qui vous répondait, vous n'aimeriez sans doute pas beaucoup ce qu'elle vous dirait. Lorsque j'étais adolescent et qu'en rentrant à la maison je lui racontais les terribles épreuves dont j'avais souffert à l'école, elle me rendait fou. Sa réponse était toujours la même : «Dieu t'indique une autre voie. Quelque chose de bien sortira de tout ceci.» J'avais l'impression qu'elle évitait ainsi de s'occuper de mes problèmes. J'allais donc dans ma chambre parler plutôt à Dieu, fermant la porte afin qu'on ne m'entende pas et qu'on ne me croit pas psychotique. Parler à Dieu est une façon d'appeler le service d'assistance émotionnelle.

J'ai mis du temps à comprendre à quel point le conseil de ma mère était sage. Il a changé ma façon d'envisager l'avenir et m'a donné de l'espoir. À maintes reprises, alors que ce que je souhaitais ardemment ne se produisait pas, cela me conduisait vers une situation meilleure et même inespérée. Gardez donc ce service d'assistance téléphonique ouvert et observez ce qui se produit.

Exercice 83

UN RITUEL

Un grand nettoyage émotionnel

Si vous niez vos sentiments et vos émotions, votre corps en subira les conséquences et commencera à connaître des ratés. Mais si vous cessez d'être l'enfant modèle qui cherche à plaire aux autres et exprimez votre juste colère, vous emprunterez la voie vous menant à la compréhension, au pardon, à la santé et au bien-être.

Il est également possible d'alléger les souffrances passées en exprimant des émotions refoulées. Pour cet exercice, songez à un événement ou à une relation difficile ayant marqué votre vie ; peut-être vous sentez-vous coupable de quelque chose ou incapable de pardonner à quelqu'un. Maintenant, mettez par écrit tous les sentiments négatifs que vous éprouvez envers vous-même ou l'autre personne. Puis, visualisez un rituel où vous êtes à bord d'un voilier, sur un lac, et jetez vos pensées négatives par-dessus bord. Ou encore, allumez un feu et jetez vos sentiments négatifs dans les flammes et regardez-les partir en fumée. Après coup, remarquez comme vous vous sentez autrement. Visualisez ensuite la personne avec laquelle vous avez des problèmes et entourez-la d'amour, de pardon et d'acceptation. N'oubliez pas de vous pardonner vous-même également.

Refaites ce rituel aussi souvent qu'il le faut jusqu'à ce que vous sentiez un véritable changement en vous. La prochaine fois que vous rencontrerez cette personne, vous constaterez que votre relation n'est plus la même. La conscience n'est pas séparée du reste, et vos efforts auront provoqué un changement.

Exercice 84

ÉCOUTEZ DE LA MUSIQUE

Laissez-la vous transporter

Nous faisons tous de la musique au quotidien. Arrêtez-vous un instant et écoutez, et vous vous rendrez compte que nous baignons constamment dans le bruit. Au lieu d'ajouter davantage de distractions dans votre existence en regardant la télé ou en écoutant les bulletins de nouvelles, servez-vous de la musique pour améliorer votre concentration et approfondir vos émotions. La musique favorise aussi l'apprentissage, et j'en fais jouer dans la salle de chirurgie autant pour le bien-être des patients que celui du personnel. En outre, c'est un fait avéré que ne pas regarder les actualités améliore la santé et le sommeil.

Pour cet exercice, écoutez divers genres de musique. Découvrez lequel vous procure de la paix et du bien-être. Lorsque vous êtes dans une situation stressante, par exemple quand vous êtes au volant, faites jouer cette musique. Pour vous détendre, écoutez-la au lieu de regarder la télé. Écoutez la musique de votre âme et guérissez — c'est pourquoi on appelle une certaine musique du *soul* (âme); elle transmet un message. Trouvez l'harmonie grâce à la musique que vous aimez et laissez-la vous transporter tout au long de la journée.

Exercice 85

JE PAYE LA TOURNÉE

L'élixir de la vie

Invitez un ami à aller prendre un verre. Profitez-en pour boire mutuellement vos paroles et savourez votre présence. Le soutien dont votre âme a besoin ne provient pas toujours d'une crise, mais aussi des petits moments qui forgent une relation. Pour cet exercice, vous pouvez allez prendre une tasse de café ou de thé, une bière ou un verre de vin rouge ; vous pouvez aller dans un café, un bar ou un parc, où vous partagerez un thermos bien chaud. Le but, toutefois, n'est pas de se survolter artificiellement à la caféine ou à l'alcool, mais de partager l'élixir de la vie et ce qu'il procure.

Profitez pleinement du temps que vous passez et des conversations que vous avez avec un ami ou un membre de votre famille. Chaque matin, j'arrête chez l'un ou l'autre de nos enfants prendre un café, mais surtout pour que nous ayons l'occasion de nous faire part de notre affection, de nos inquiétudes, de nos sentiments, de nos révélations, et aussi de nous toucher. Ce temps que nous passons ensemble nous permet de partager ce que nous vivons et nous aide à survivre. Nous buvons mutuellement nos paroles et les digérons sans préjugés ni jugements. Par l'écoute, nous nous entraidons à guérir.

Pour cet exercice, je vous offre le premier verre, à la condition qu'il ne s'agisse pas d'un vin rare que vous vous êtes procuré à une vente aux enchères. Rapprochez-vous de ceux que vous aimez en sortant avec eux, et déversez sur eux votre amour comme les membres d'une équipe s'arrosent de champagne après avoir remporté un championnat.

FAITES JOUER VOS MUSCLES CRÉATIFS

18

Créez une œuvre d'art avec ce que vous avez sous la main

La créativité exige le courage de laisser tomber ses certitudes.
— ERICH FROMM

18ᵉ conseil de l'entraîneur

L'expression créative a une incidence majeure sur l'équilibre et la santé. J'exprime principalement ma créativité par l'écriture et la peinture. Ces deux arts ont joué un rôle prédominant dans ma vie. Vous pouvez exprimer votre créativité de maintes façons, mais il est important que vous ayez un exutoire créatif.

N'hésitez pas à expérimenter de nouvelles formes d'expression. Peut-être vous croyez-vous incapable de tracer une ligne droite ou de rédiger une phrase digne d'intérêt, mais permettez-moi de vous donner de l'espoir. La pire note que j'aie reçue au cours de mes quatre années à l'université a été un C en création littéraire. Même si depuis j'ai rédigé plusieurs livres à succès, je ne peux pas demander à l'Université Colgate de changer ma note afin que je puisse posséder un diplôme avec une mention très bien. Pourquoi ai-je obtenu cette note ? Parce que j'étais spécialisé en science et que j'écrivais avec ma tête et non mon cœur. J'ai encore besoin qu'on me corrige lorsque je retombe dans ce piège et commence à rédiger ce qui ressemble à un sermon.

Pour écrire, ou pour peindre un visage, un arbre ou autre chose, il faut d'abord voir réellement. À mon avis, les peintres et les écrivains ont la faculté de voir le monde et leur environnement dans leurs moindres détails. Ils réussissent à décrire et à représenter la vie dans leurs œuvres. Je peins depuis l'enfance, et j'ai opté pour la chirurgie afin de faire le meilleur usage possible de mes mains agiles. Une chirurgie peut également être une œuvre d'art. Je me rappelle mon émerveillement devant la beauté du corps humain — la physiologie du corps humain est très colorée.

Lorsque vous regardez à travers votre lentille créative, vous apprenez à voir et devenez conscient de la beauté de ce que Dieu a créé. Examinez une fleur et voyez les détails microscopiques qui la composent. Croyez-moi, c'est un grand artiste qui a créé le monde.

Comment et pourquoi le fait d'exprimer votre créativité peut-il être thérapeutique ? Pour deux raisons. Premièrement, lorsque vous pratiquez une activité qui vous fait perdre la notion du temps, vous entrez dans un état second, vous oubliez votre âge et vous vous libérez de toutes les sensations ou maladies. Deuxièmement, lorsque vous exprimez vos sentiments, en mots ou en images, ce qui est enfoui au plus profond de vous remonte à la surface, ce qui vous permet de guérir autant sur le plan émotionnel que physique.

Veillez à vous réserver du temps pour créer des œuvres d'art. Ce peut être n'importe quoi, un petit gribouillage ou un tableau élaboré, un court poème ou un jardin magnifique, une relation significative ou un grand roman, peu importe. Les exercices suivants vous aideront à laisser libre cours à votre créativité et à découvrir de nouvelles façons de vous exprimer.

Exercice 86

RÉALISEZ UN COLLAGE

Célébrez votre vie avec des images

Réaliser un collage est un moyen intéressant et facile de créer une œuvre d'art et d'explorer sa vie. En découpant et en assemblant des symboles, des images et des objets, vous pouvez créer du neuf à partir de votre expérience.

Notre cuisine ressemble à un collage, car les battants d'armoire sont couverts de photos, de notes, de coupures de journaux, de distinctions honorifiques, de programmes de remise de diplôme, de faire-part de naissance, de mort et de mariage. J'ai toujours l'impression qu'en conservant la maison dans l'état où elle était lorsque nos enfants étaient jeunes, nous demeurons jeunes. Pourquoi vieillir quand on peut rajeunir ?

Pour cet exercice, réalisez soit un collage personnel ayant pour objet votre vie, soit un collage collectif, en constante évolution, comme celui de notre cuisine, en l'honneur de votre famille et de vos amis. Pour le collage personnel, procurez-vous un carton pour affiche et couvrez-le d'images, d'articles de magazines ou de journaux, d'expressions empreintes de sagesse, et de tout ce qui vous inspire, vous motive, vous donne de la force ou vous touche. Vous pouvez réaliser votre collage autour d'un thème précis ou tout simplement découper et coller ce qui a de l'importance à vos yeux. Affichez votre œuvre dans la cuisine, la chambre à coucher ou le bureau. Pour le collage familial, étalez sur un tableau d'affichage ou, à l'aide d'aimants, sur la surface métallique du frigo ou des armoires, tout ce qui rappelle les événements marquants de votre vie et de celle de votre famille. Puisque vous créez ainsi une sorte d'autel dédié à ceux que vous aimez, prenez la peine de le rendre intéressant!

Exercice 87

ÉCRITURE LIBRE

Rédigez une nouvelle

Chaque existence est une histoire en soi, mais la plupart ne sont jamais racontées ou écrites. Le temps est venu pour vous d'écrire une histoire, réelle ou fictive. Pour ma part, je considère que rien n'est fictif, car toutes les histoires sont issues de ce qu'a vécu, consciemment ou inconsciemment, l'auteur. L'écriture est en fait un cadeau que s'offre l'auteur. En vous exprimant, vous donnez libre cours à des émotions que vous avez besoin d'exprimer, ce qui rend votre vie plus saine. Plusieurs études mettent en évidence les avantages de tenir un journal, de raconter des histoires, d'écrire.

Je n'oublierai jamais ma rencontre avec Mario Puzo, l'auteure de *Le Parrain*, et notre conversation sur l'écriture. Il m'a raconté qu'il s'assoyait et attendait que le personnage sur lequel il écrivait lui parle et lui dise quoi écrire. Autrement dit, il devenait ses personnages.

Pour cet exercice, rédigez une histoire. Rédigez-la à votre seule intention, pour votre famille ou pour le monde entier. Ciblez n'importe quelle tranche d'âge. Que voulez-vous dire ? Prenez un bloc de papier et un crayon, ou assoyez-vous devant l'ordinateur, et lancez-vous. Ne vous souciez pas de l'orthographe ou de la grammaire — laissez tout sortir. Mettez votre intellect en veilleuse et laissez vos idées couler librement. Si vous jugez plus facile d'écrire sur un personnage fictif, faites-le, ou peut-être trouverez-vous plus naturel de décrire un personnage haut en couleur de votre connaissance. Choisissez un événement ou une émotion, drôle ou triste, et décrivez-la pour la postérité.

Faites lire vos histoires aux membres de votre famille et voyez si vous pouvez les inciter à en écrire eux aussi. Certaines des histoires les plus importantes viennent toujours des personnes âgées. Leur mémoire contient la somme de toute une vie.

Exercice 88

LA PHOTOGRAPHIE

Quand la vraie vie devient de l'art

Un de mes patients qui était un jardinier paysagiste m'a appris à quel point la nature et la vie peuvent être belles. John souffrait d'un cancer, et lorsque je lui ai dit que je ne pouvais le lui retirer par chirurgie, il a refusé tout autre traitement, quitté l'hôpital et est rentré chez lui. Il m'a dit : « Vous avez oublié quelque chose. C'est le printemps et, avant de mourir, je rentre chez moi rendre le monde plus beau. » Pour abréger une longue histoire, disons qu'il est mort, mais des décennies plus tard, à quatre-vingt-quatorze ans, et sans trace de cancer. John m'a montré à quel point le monde est beau. Il m'indiquait des pousses minuscules que je n'aurais jamais remarquées, et a ainsi changé ma façon de voir le monde. J'ai commencé à rapporter à la maison des graines de fleurs que j'ai plantées dans notre cour. La beauté est partout.

Si, comme la plupart, vous n'êtes pas un peintre ou un écrivain ayant le pouvoir de recréer cette beauté, prenez plutôt un appareil-photo et allez vous promener dans la nature. Voyez la beauté et captez-la dans des photos merveilleusement inspirantes. Penchez-vous sur les fleurs mais tournez aussi les yeux vers le ciel, les arbres, l'océan, les gens et tout ce qui vit autour de vous. Ils sont aussi comme des fleurs. Chacun de nous est unique et beau à sa façon, vous y compris. Vous découvrirez que plus vous regardez et photographiez, plus vous voyez et plus le monde devient beau.

Emportez donc votre appareil avec vous et enregistrez les merveilles de la création. Emmenez la beauté avec vous où que vous alliez et conservez-la dans votre cœur.

Exercice 89

RÉALISEZ UNE FRESQUE

Embellissez votre environnement

J'ai déjà peint une fresque dans l'une des salles de ranimation de l'hôpital où je travaillais. On y voyait, entre autres, un pingouin muni d'un stéthoscope et auscultant un œuf en train d'éclore, un aquarium, des oiseaux et des arcs-en-ciel. La salle en question était celle où l'on gardait les enfants s'éveillant d'une anesthésie, et je croyais qu'en voyant cette murale à leur réveil, leur douleur, leur peur et leur désarroi en seraient amoindris. Je me suis aussi porté volontaire pour réaliser une fresque autour de la fenêtre du service à l'auto de notre banque, histoire de changer les idées des clients qui attendaient dans leur auto, exaspérés d'avancer si lentement.

Songez à tous les endroits où vous passez du temps à travailler, à attendre et à vivre. Comment pourriez-vous en faire des lieux plus créatifs et thérapeutiques ? Pour cet exercice, identifiez un endroit où vous peindrez une murale. Avec un peu d'inspiration, vous pouvez changer votre vie et la vie de votre entourage. Vous voudrez peut-être commencer chez vous, comme dans la chambre des enfants ou la salle de jeux. Identifiez ensuite des endroits dans votre environnement de travail ou dans votre communauté où une murale serait bienvenue. Peignez des œuvres d'art susceptibles de réduire le stress et la tension des gens qui les verront ; réalisez une fresque partout où vous souhaitez générer une énergie positive. Si la perspective de vous attaquer seul à une murale vous rebute, joignez-vous à un programme de services communautaires grâce auquel vous pourrez réaliser en commun des fresques qui embelliront votre quartier.

Exercice 90

EXPRIMEZ VOTRE CRÉATIVITÉ
AVEC DES PETITS RIENS

Mettez la main à la pâte!

Je ne jette jamais rien, car l'artiste en moi s'y oppose. Je garde des pièces d'auto, des outils, des jouets, des bouts de bois, des fenêtres et tout ce que vous pouvez imaginer. Qu'est-ce que j'en fais? Je construis des choses dont nos enfants et nos petits-enfants, nos animaux domestiques, ma femme et moi pouvons jouir ou avec lesquelles nous pouvons jouer. Est-ce que notre cour et notre maison ont une apparence un peu étrange? Oui. Mais est-ce que les enfants et les animaux aiment ça? Oh, que oui!

Les enfants adorent la cabane que j'ai construite dans un arbre à partir de vieilles planches et de vieilles fenêtres, et les animaux domestiques aiment escalader les plateformes que j'ai faites pour eux tant à l'intérieur qu'à l'extérieur de la maison. Notre demeure est aussi pleine d'objets réalisés par nos enfants lorsqu'ils étaient petits, et notre salon et leurs chambres débordent d'une multitude de trucs allant des maquettes aux sculptures.

Pour cet exercice, devenez à votre tour un artisan de la récupération. Rassemblez des objets intéressants qui traînent autour ou recherchez-en dans les ventes de débarras. N'ayez pas peur de vous prendre pour un créateur et bâtissez quelque chose pour quelqu'un de votre entourage à partir de ce que vous avez sous la main. Construisez quelque chose pour la maison ou pour l'extérieur, n'importe quoi qui améliorera le monde. Par exemple, les oiseaux apprécieront un beau nichoir ou une mangeoire, et tous les enfants aiment une maisonnette ou un toboggan.

APPRENEZ À JONGLER

19

Vous aussi avez des besoins

Il est préférable et plus sûr de mener une vie équilibrée, de prendre en compte l'immense puissance qui
est autour de soi et en soi. Celui qui y parvient, qui
vit ainsi, est un homme sage.

— EURIPIDE

19ᵉ conseil de l'entraîneur

Comment trouver l'équilibre entre ses besoins indivi-
duels et le monde alentour? Brian Dyson, PDG du
groupe Coca-Cola, y va de ce conseil : «Imaginez
que la vie est un jeu dans lequel vous jonglez avec
cinq balles : le travail, la famille, la santé, les amis et
l'esprit. (…) Le travail est une balle en caoutchouc; si
vous la laissez tomber, elle rebondit. (…) La famille, la
santé, les amis et l'esprit sont des balles en verre. Si
vous en laissez tomber une, elle sera irrémédiable-
ment rayée, marquée, craquelée, abîmée, voire réduite
en miettes. (…) Il importe que vous compreniez ce

principe et fassiez tout en votre pouvoir pour trouver l'équilibre dans votre vie »

Lorsque votre vie est déséquilibrée, personne, y compris vous-même, ne voit ses besoins comblés. Pour trouver l'équilibre, il vous faut d'abord découvrir quels sont vos propres besoins et limites. Ce n'est qu'ensuite que vous pourrez prendre des décisions, dire non quand il le faut, et organiser votre emploi du temps sans vous sentir coupable, avoir honte ou vous en vouloir. Il y a plusieurs années de cela, nos cinq enfants n'aimaient pas mon travail. En tant que chirurgien de garde, je n'étais pas toujours présent pour participer à leurs activités. Je me souviens avoir animé une rencontre de louveteaux depuis la salle de chirurgie en hurlant dans le téléphone qu'une infirmière tenait pour moi. (Rassurez-vous, le patient n'en a pas souffert.) Un soir, je suis rentré à la maison en clamant à mes enfants : « Je suis là, j'ai du temps pour vous, les enfants. » Ils m'ont répondu qu'ils étaient occupés et avaient prévu aller faire du patin à roulettes au centre voisin. Je leur ai fait remarquer que si eux avaient le droit d'aller patiner, j'avais donc le droit d'être chirurgien. Nous n'avions pas à nous sentir coupables de ce qui était bien pour chacun de nous. J'ai appris que je ne pouvais pas être simultanément un père, un chirurgien, un époux, un chef scout, un fils et un propriétaire d'animaux domestiques ; je devais être moi.

Parfois, c'est le travail qui l'emporte, car c'est votre façon de donner un sens à votre vie et d'apporter votre contribution au monde ; parfois ça ne convient pas du tout. En vérité, il y aura des périodes de votre vie où vous devrez tenir compte de vos propres besoins et suivre votre propre voie, d'autres périodes où il est juste de suivre la voie d'autrui et des périodes où vous choisirez de cheminer avec d'autres sur une voie commune et des buts communs. Les exercices suivants vous aideront à accorder la priorité à vos besoins et à maintenir l'équilibre entre les besoins d'autrui et ce qui est préférable pour vous.

Exercice 91

ÉQUILIBREZ VOS BUTS

Créez-vous une vie harmonieuse

De nos jours, si vous décidiez de construire une maison, vous utiliseriez vraisemblablement plus d'un matériau. Ne souhaiteriez-vous pas incorporer les matériaux appropriés afin que votre demeure soit aussi belle et sécuritaire que possible ? Bien sur, vous le voudriez, car ces différents matériaux s'équilibreraient mutuellement et procureraient à votre demeure la solidité, la durabilité et le confort nécessaires.

Faites de même avec vos buts personnels. Pour cet exercice, vous allez établir un plan en vue de vous construire une vie qui a une fondation solide et une structure pouvant résister au temps et aux éléments. Dressez la liste des buts que vous souhaitez atteindre sur les plans spirituel, physique et matériel. Y a-t-il un équilibre entre ces différentes facettes de votre existence ? Essayez d'accorder une importance égale à toutes les parties de votre personne et de votre univers. Remarquez les moments où vous manquez d'équilibre, quand vous oubliez vos buts ou cessez de vous concentrer sur eux. Dressez une autre liste des buts qui vous permettront d'avoir une vie plus harmonieuse. Concentrez-vous d'abord sur vos priorités.

Ainsi, vous définissez vos priorités et cela vous aide à façonner votre vie. Si vous accordez trop d'importance à un seul aspect de votre vie, votre équilibre s'en trouvera menacé et vous risquez de tomber avant l'heure.

Exercice 92

DÉSENCOMBREZ VOTRE VIE

Créez de l'harmonie

En réalité, nous ne pouvons maîtriser autre chose que nos pensées. Donc, au lieu de nous acharner à contrôler les événements, nous devrions nous efforcer d'établir de l'ordre en créant de l'harmonie. Nous atteignons l'harmonie quand notre vie adopte son propre rythme, quelle que soit la cadence ou l'intensité de sa musique. Certains aiment foncer à 150 kilomètres à l'heure, d'autres préfèrent avancer à 50 kilomètres à l'heure. Adoptez l'allure qui vous convient.

Une façon de trouver l'harmonie est d'écouter vos besoins et vos désirs au moment présent, au lieu d'anticiper le suivant. Pour cet exercice, débarrassez-vous de vos listes pendant au moins une semaine. J'avais l'habitude d'établir des listes et des emplois du temps afin de tout intégrer à mon existence imprévisible de chirurgien de garde. Puis, je me suis rendu compte que ces emplois du temps et ces listes ne faisaient qu'ajouter à mes problèmes, et j'ai tout jeté. J'ai commencé à vivre au moment présent, accomplissant ce qui me semblait juste et nécessaire.

Faites le tour de votre demeure et de votre bureau et jetez toutes les notes inutiles qui vous rappellent

quoi faire et quand le faire. Ne jetez pas les renseignements concernant des réunions et des événements
importants, mais débarrassez-vous de tout ce fatras
de notes et d'aide-mémoire sur le frigo, le plan de travail, le miroir, le bureau, etc. Faites le ménage! Jetez
notamment toute liste qui traîne depuis un mois.
L'encombrement de votre esprit est aussi gênant que
celui de votre environnement : il vous empêche
d'éprouver un sentiment naturel d'harmonie.

Exercice 93

FAITES DES CHANGEMENTS

Et si... ?

Si on vous apprenait que vous n'avez plus qu'un an à vivre, quels changements apporteriez-vous à votre vie ? J'ai constaté comment le fait d'être atteint d'une maladie mortelle incite les gens à transformer pour le mieux leur existence, et, dans le cadre de cet exercice, prétendez que vous souffrez d'une telle maladie. En réalité, personne ne sait combien de temps il lui reste à vivre, mais si vous saviez qu'il ne vous reste qu'un an, que feriez-vous ?

Je veux que vous réfléchissiez à tous les changements, petits ou grands, que vous feriez et que vous les notiez. Cesseriez-vous de vous soucier de votre apparence et de ce que les autres pensent ? Achèteriez-vous une nouvelle maison ? Vous trouveriez-vous un travail plus significatif ? Apprendriez-vous à dire non à autrui et oui à vous-même ? Exprimeriez-vous des sentiments que vous taisiez et demanderiez-vous de l'aide ?

Quels changements apporteriez-vous à votre style de vie afin que vos besoins physiques, spirituels et émotifs soient comblés ? Pensez aussi à des choses de base, pratiques, comme rédiger un testament et distribuer vos trésors. Puis, ajoutez les événements joyeux que vous remettez à plus tard depuis trop longtemps.

Pourquoi ne pas vous procurer un chien? Déménager dans les montagnes ou sur le bord de la mer? Rire plus souvent? Prendre soin de vous, de votre alimentation et de votre santé? Passer plus de temps avec ceux que vous aimez? Retirer votre cravate et laisser tomber le code vestimentaire?

Lorsque vous aurez identifié ce qui rend votre vie précieuse à vos yeux, prenez la décision de le réaliser dès maintenant. Faites en sorte que vos plans à court terme soient aussi satisfaisants que vos plans à long terme.

Exercice 94

TROUVEZ VOTRE VOIE

On continue ainsi?

Un jour que j'étais allé me promener après une tempête de neige, j'ai trouvé ardu de me frayer un chemin dans la neige épaisse. Le lendemain, c'était plus facile, car je pouvais marcher dans mes traces de la veille. Mais le surlendemain, tout étant gelé et glissant, il était dangereux de marcher dans mes traces, car si je ne les suivais pas parfaitement, je risquais de tomber et de me fracturer une jambe. J'ai été obligé de me frayer un autre chemin. Autrement dit, ce qui est la bonne voie un jour peut se révéler très mauvaise le lendemain. Conserver un équilibre dans sa vie, ce n'est pas seulement éviter de tomber. C'est aussi savoir quelle voie emprunter et être prêt à affronter toutes les circonstances.

Votre parcours de vie est-il équilibré? S'y trouve-t-il une part égale de confiance et de prudence, donnez-vous autant que vous recevez et vice versa? Fermez les yeux et imaginez votre vie comme un chemin. Regardez devant et derrière vous. Tracez-vous votre propre voie ou suivez-vous les autres? Les deux options peuvent être valables, selon les circonstances, mais vous devriez décider vous-même quand vous suivrez votre voie et quand vous marcherez dans les pas des autres.

Puis, examinez vos chaussures. Sortez-les toutes du placard. Possédez-vous celles qui conviennent à votre parcours de vie ? Identifiez maintenant quelles personnes de votre vie représentent vos chaussures. Qui vous aide à avancer malgré la neige, la boue et les autres obstacles de la vie ? Dressez la liste de ces accessoires et de ces personnes. Ce sont les ressources qui vous aideront à marcher d'un pas assuré et à conserver votre équilibre lorsque vous sortirez des sentiers battus — afin que vous puissiez un jour guider d'autres personnes.

Exercice 95

JOUEZ AU FRISBEE

Sortez de la routine

Une personne équilibrée a plus de chances de résister aux forces de la nature que celle qui est déséquilibrée ou ne dispose que d'un seul point d'appui pour se tenir debout et survivre aux éléments. Trop souvent, nous axons tous nos efforts sur l'un de nos objectifs et oublions de nous développer en tant qu'être humain complet. Les athlètes professionnels et leurs entraîneurs savent que, pour réussir, ils doivent développer non pas un seul groupe de muscles mais tous les muscles. Ils savent qu'ils doivent considérer l'ensemble et trouver un équilibre, car le corps est un tout; chacune de ses parties est liée à la force et à l'apport des autres.

Pendant un mois, entraînez un nouveau groupe de muscles. Acquérez des aptitudes et faites-vous un point d'honneur de pratiquer des activités inhabituelles pour vous. Jouez au Frisbee, aux quilles, ou dehors avec votre chien. Trouvez-vous des activités qui vous apportent du pur plaisir et la sensation de vivre vraiment. Le plus petit changement peut déclencher l'acquisition de nouveaux talents. Brossez-vous les dents de l'autre main. Rasez-vous ou coiffez-vous d'une façon différente. Entrez et sortez de chez vous par une autre porte. Dans combien de minuscules ornières vous êtes-vous enlisé sans même vous en rendre compte? En sortir, ne serait-ce qu'un peu, vous aidera à améliorer vos aptitudes et votre équilibre. Finalement, exercez-vous à marcher sur une étroite poutre de bois. Développez et renforcez votre sens physique de l'équilibre. Avec un peu d'entraînement, vous pourrez devenir l'athlète, le conjoint, le parent et l'ami que vous souhaitez être.

LA COURSE D'OBSTACLES DE LA VIE

20

L'erreur n'existe pas

Longtemps, j'ai cru que ma vie allait enfin commencer — ma vraie vie. Mais il y avait toujours quelque obstacle en travers de mon chemin, une tâche à accomplir, des questions en suspens, encore du temps à travailler, ou une dette impayée. Ensuite, je pourrais enfin commencer à vivre. Mais un jour, il m'est apparu qu'en fait, c'était justement ces obstacles qui constituaient ma vie.
— **Alfred D. Souza**

20ᵉ *conseil de l'entraîneur*

Quelles que soient les circonstances de votre vie, c'est toujours vous qui choisissez la façon dont vous les percevez. On peut voir la vie comme une course d'obstacles parsemée de haies ou comme un marathon qu'on veut compléter. Chaque individu vivra à sa façon la même expérience, qu'il s'agisse d'une course ou d'une maladie. C'est votre attitude envers la vie qui détermine comment cette expérience vous affectera.

Pour moi, la vie est un cercle. Ayant fait l'expérience d'une régression dans une vie antérieure, je suis touché par le sens littéral de cette analogie. Nous vivons, mourons, puis retournons à ce monde, pour des raisons mystérieuses. Sommes-nous ici-bas pour compléter le cercle de la vie et nous lier les uns aux autres afin de résoudre la question de notre existence et devenir celui que nous sommes censés être? Dans ce cas, pourquoi devons-nous continuer à nous recycler? Pourquoi ne pouvons-nous pas atteindre ce but la première fois? Je crois que c'est parce que la vie est une école. Si on est en classe élémentaire, il faut du temps pour atteindre l'illumination et obtenir son diplôme.

Chacun doit trouver par lui-même la raison de sa présence ici-bas. Que cherchez-vous? Qu'est-ce qui vous permettra de vous sentir en paix lorsque vous arriverez à destination? Qu'êtes-vous venu accomplir et réaliser dans cette vie pour que celle-ci ait un sens? Ce n'est certes pas en accumulant des biens, puisque, chaque fois que nous le faisons, nous désirons toujours acquérir autre chose. Quelle destination nous apportera cette paix que nous appelons de tous nos vœux?

Le cercle de l'amour est le but véritable, et nous avons besoin que de véritables maîtres et des guides nous montrent la voie. Dans ce monde matérialiste, il nous arrive de la chercher en allant d'un endroit à l'autre, d'un travail à l'autre, jusqu'à ce que nous comprenions que le ciel au-dessus de nous est le même partout et que la terre sous nos pieds peut changer mais qu'elle ne nous change pas, nous. Notre voyage ainsi que notre destination sont inscrits tous deux en-dedans de nous, et tous les exercices de ce livre n'ont d'autre but que de vous aider à trouver et à emprunter la voie de l'âme.

En outre, bien qu'il soit essentiel d'avoir des maîtres extérieurs — de ces gens qui nous enseignent à incarner l'amour au lieu de le rechercher —, le meilleur maître se trouve à l'intérieur de nous. Je sais que je suis dirigé par une voix que j'entends lorsque je prends le temps d'être seul. Il suffit peut-être de se taire et d'écouter cette petite voix toujours présente et de suivre ses conseils, au lieu d'argumenter avec elle parce que nous croyons savoir quelle direction prendre. Quand vous modifiez votre attitude et votre orientation, quand vous cessez de résister, la course d'obstacles devient votre maître et les immenses haies rapetissent. Vous atteignez le sommet et découvrez que tout le reste est plus facile. Amen. Puisse-t-il en être ainsi pour vous tous.

Exercice 96

FORMEZ UN CERCLE

Le bâton d'orateur

Au cours de ce périple qu'est la vie, plusieurs personnes et compagnons de voyage cherchent à être soutenus, dirigés et aimés. Trouvez des personnes qui ont ce point en commun et rassemblez-les pour former un cercle. Choisissez pour cela un endroit dans la nature ou dans un environnement calme. N'allez pas dans une de leurs maisons afin d'éviter d'être distraits ou interrompus par les activités de la vie quotidienne. Cet exercice présente l'avantage de vous éloigner du téléphone cellulaire et des besoins d'autrui.

Apportez un objet sacré de votre choix, comme un bâton sculpté ou une plume. Formez un cercle avec le groupe. Commencez par observer quelques instants de silence, puis psalmodiez ou méditez ensemble. Demandez à chacun d'en profiter pour écouter sa voix intérieure : qu'est-ce qu'ils n'ont jamais dit mais ont besoin de dire, quelles questions n'ont-ils jamais posées, malgré leur soif de réponses ?

Lorsque tout le monde se sent prêt, remettez l'objet sacré à la personne la plus petite du cercle et laissez-la dire tout ce qu'elle souhaite partager avec le groupe. Le rôle des participants consiste à écouter l'orateur ; personne ne doit commenter, exprimer des doutes, questionner ou offrir des réponses. En écoutant l'orateur sans commenter, le cercle lui donne l'occasion de trouver les réponses à l'intérieur de lui-même, ou d'elle-même. Puis, continuez à faire circuler l'objet sacré à l'intérieur du cercle jusqu'à ce que tout le monde ait eu la chance d'exprimer en toute confiance ses pensées et ses sentiments.

Exercice 97

HONOREZ VOS RELATIONS

Les anneaux de la vie

Savez-vous quelle est l'origine de l'anneau de mariage ? Selon certains, elle remonterait à 4800 ans, dans l'Égypte ancienne, le pays auquel on attribue généralement le rituel de l'échange des anneaux de mariage. Les Égyptiens torsadaient des plantes souples, comme du chanvre, et en faisaient des anneaux qui, croyaient-ils, étaient liés à l'amour surnaturel, immortel, formant un cercle sans fin. Tout comme le mandala, le cercle symbolise notre complétude. Les Romains ont remplacé la plante par le fer, mais pour les Romaines, l'anneau de mariage signifiaient qu'elles appartenaient légalement à leurs époux, qui considéraient ces anneaux comme un symbole de leur acquisition. Charmants garçons. Autant les Égyptiens que les Romains portaient l'anneau à l'annulaire de la main gauche, car ils étaient convaincus que la *vena amoris*, la veine de l'amour, reliait directement ce doigt au cœur, et de ce fait unissait la destinée du couple. De nos jours, l'anneau de mariage continue de symboliser la parfaite unité de l'amour, qui n'a ni fin ni commencement. Pour certains, c'est un symbole de sainteté, de perfection et de paix, ainsi que du Soleil, de la Terre et de l'Univers.

Combien de vos connaissances font-elles partie de votre vie et sont-elles en quelque sorte mariées à vous et à votre bien-être? J'ai une seule épouse, et pourtant je porte trois anneaux de mariage. L'un est celui que nous avons échangé à notre mariage il y a plus de cinquante ans. Le deuxième a été fait par un ami et est orné d'une rose, le prénom de ma mère. Il me rappelle mon mariage, mes amis et ma famille. Le troisième a été fait par l'un de nos fils, et il représente le lien spécial qui m'unit à mes enfants. Je le porte à l'annulaire de la main droite, afin de pouvoir les porter tous.

Imaginez maintenant qu'un anneau immense vous encercle, vous et tous ceux que vous aimez. Remarquez qui se trouve avec vous dans le cercle et qui ne s'y trouve pas. Quelle est la dernière fois où vous avez remercié ces personnes d'être là pour et avec vous? Comment pourriez-vous honorer la relation que vous entretenez avec elles? Lorsque vous aurez terminé, tracez un cercle par lequel vous relierez tous les membres de cette famille. Puis, téléphonez ou envoyez un courriel à chacun pour leur faire part de vos sentiments. Reliez-vous à votre cercle de vie.

Exercice 98

PRÉPAREZ UNE TROUSSE DE SURVIE

Qu'y mettrez-vous ?

Chaque jour, ou presque, nous affrontons des situations qui nous dérangent. Témoigner devant la cour, prendre l'avion, aller chez le dentiste, ou rendre visite à un ami malade, voici autant d'occasions où une trousse de survie serait bien utile. Lorsque vous faites face à une situation pénible, trouvez une forme de soutien. Plusieurs études révèlent qu'on souffre moins lorsqu'on est soutenu, que ce soit quand on accouche ou quand on reçoit une injection.

Pour cet exercice, identifiez les situations qui vous rendent nerveux et préparez une trousse de survie pour chacune. Choisissez un contenant adapté à chaque circonstance — une mallette, un sac à dos, une boîte à lunch ou un sac-cadeau — et rangez-y les articles dont vous pensez avoir besoin. Lorsque vous allez voir un ami malade ou malheureux, apportez votre amour, du rire, votre écoute et peut-être quelques biscuits aux brisures de chocolat. Si vous n'aimez guère les réceptions, apportez dans votre sac quelques phrases rassurantes et quelques plaisanteries.

Si prendre l'avion vous angoisse, rappelez-vous d'abord que vous avez le choix. Vous pouvez décider de ne pas vous rendre à cet endroit ou d'utiliser un autre moyen de transport. Ou encore, apportez votre trousse de survie et remplissez-la d'images d'un vol agréable et sans tracas, de musique, de nourriture et de livres. Essayez de voyager en compagnie d'un ami ou d'un membre de votre famille qui saura vous rassurer en cas de panique.

Nous avons tous besoin de trousses de survie pour surmonter les obstacles de la vie. Préparez-en donc quelques-unes en vue de la prochaine occasion où vous aurez besoin d'un peu de soutien.

Exercice **99**

AIMEZ-VOUS VOUS-MÊME

Faites honneur à l'image dans son ensemble

J'ai trouvé un sens à ma vie d'une façon très sincère, en apprenant à m'aimer moi-même et à aimer les autres, et à exprimer et à partager cet amour dans le monde entier. Le fait d'aimer et d'être aimé vous aidera, vous et la personne que vous aimez, à traverser les pires épreuves. S'aimer soi-même comme on aime son prochain peut être un vrai défi. Peut-être avez-vous de la difficulté à vous aimer. Dans ce cas, identifiez quelles pensées et quels sentiments vous en empêchent, car si vous ne pouvez pas vous aimer, vous ne pouvez pas aimer les autres.

Pour cet exercice, regardez-vous dans un miroir. Vous pouvez apprendre à aimer la personne que vous y voyez même si vous n'aimez pas tout en vous. L'amour n'exige pas la perfection. Commencez par un aspect de vous que vous aimez et dites au miroir : «J'aime mes cheveux, ma peau, mes yeux, etc.» Faites cet exercice chaque jour pendant un mois, en ajoutant chaque fois un autre aspect que vous aimez. Passez ensuite aux qualités que vous possédez. Continuez à vous observer dans le miroir jusqu'à ce vous aimiez l'image dans son ensemble. Si vous vous aimiez vraiment, quels changements apporteriez-vous à votre vie dès à présent?

Exercice 100

REPOSEZ-VOUS

Ne rien faire, c'est faire quelque chose

Vous sentez-vous coupable lorsque vous prenez le temps de vous reposer ? Dieu lui-même a pris un jour de repos lorsqu'Il a créé le monde, pourquoi donc ne le pouvez-vous pas ? Sachez que ne rien faire, c'est encore faire quelque chose. Cesser de s'affairer et prendre le temps d'être, tout simplement, peut se révéler inspirant, bienfaisant et régénérant.

Tous les voyageurs ont besoin de se reposer durant leur voyage. Quelle est la dernière fois où vous vous êtes arrêté pour vous reposer et refaire vos forces ? Se reposer ne signifie pas que l'on est oisif. Se reposer est une activité en soi. Pendant une semaine, exercez-vous à écouter votre corps, et lorsqu'il montre des signes de fatigue, reposez-vous. Assurez-vous aussi de vous reposer suffisamment la nuit. Le corps a besoin de périodes de travail et de périodes pour refaire ses forces, veillez donc à contrebalancer vos périodes d'activité physique et de travail par une bonne dose de repos et de sommeil. Au cours de chacune de ces activités, votre physiologie se modifie. Les hormones qui stimulent notre système immunitaire sont celles qui nous procurent le sommeil. Écoutez donc votre corps et pliez-vous à son rythme.

Faites la sieste, et quand vous ne savez pas quoi faire, allongez-vous et songez-y ! Et si vous somnolez, vos rêves vous révéleront ce qu'il vous faut accomplir.

Exercice 101

RECHERCHEZ LA PAIX INTÉRIEURE

L'examen final

Que cherchez-vous ? Si vous êtes incapable de définir ce que vous cherchez, comment saurez-vous que vous l'avez trouvé ? Parfois, au cours de votre parcours, il se peut que vous ressentiez une profonde angoisse. Carl Jung en parlait comme d'une agitation lancinante. Quand je suis dans cet état, je ne m'en fais pas. Je vois plutôt cela, comme vous le savez déjà, comme une faim — comme un état qui me poussera à me restaurer. Je sais que je dois trouver l'origine de cette agitation pour éliminer l'angoisse et trouver de nouveau la paix d'esprit que je recherche constamment.

Nous oublions souvent que la sagesse dont nous avons soif réside déjà en-dedans de nous. Même si cela peut sembler effrayant, l'endroit le plus éclairant où nous pouvons nous rendre se trouve à l'intérieur de nous. Il faut du courage pour s'examiner soi-même, pour écouter sa voix intérieure, mais ce n'est qu'en se sondant ainsi que l'on peut trouver la paix.

J'ai trouvé ce jeu-questionnaire dans un bulletin. Je l'aime beaucoup. Prenez le temps de mesurer vos progrès existentiels en revenant sur ces questions. Servez-vous-en pour vous aider à atteindre la paix de l'esprit. Ceci est votre dernier exercice, et le plus important.

Quelques-uns des signes et des symptômes de la paix intérieure :

- Une tendance à penser et à agir spontanément plutôt qu'en fonction de peurs fondées sur des expériences passées

- Une nette aptitude à jouir de chaque instant

- Une diminution de la tendance à juger les autres

- Une diminution de la tendance à se juger soi-même

- Une diminution de la tendance à interpréter les actions d'autrui

- Une perte d'intérêt pour les conflits

- Une perte de la faculté de se faire du souci (ce symptôme est très grave)

- Des épisodes fréquents et irrésistibles d'appréciation

- L'heureux sentiment d'être relié aux autres et à la nature

- De fréquentes attaques de sourires

- Une tendance accrue à laisser les choses se produire au lieu de les provoquer

- Une réceptivité accrue à l'amour d'autrui de même que le besoin irrésistible d'aimer

MISE EN GARDE : Si vous montrez quelques-uns de ces symptômes ou tous ces symptômes, sachez que votre état de paix intérieure est sans doute grave au point d'être incurable et de vous conduire à l'amour aveugle. Si vous entrez en contact avec quiconque affichant ces symptômes, demeurez-y exposé à vos risques et périls.

À PROPOS DE L'AUTEUR

Dr Bernie S. Siegel est un partisan réputé des thérapies alternatives qui visent à guérir non seulement le corps, mais également l'esprit et l'âme. Bernie, comme l'appellent ses amis et ses patients, a étudié la médecine à l'Université Colgate et à l'École de médecine de l'Université Cornell. Il a appris la chirurgie à l'Hôpital Yale de New Haven, à l'Hôpital des vétérans de West Haven, et à l'Hôpital pour enfants de Pittsburg. En 1978, Bernie a fait œuvre de pionnier en mettant au point, à l'intention d'individus et de groupes de patients atteints de cancer, une nouvelle approche thérapeutique baptisée ECaP (*Exceptional Cancer Patients*) qui utilisait les dessins, les rêves et les sentiments des patients. Il a ainsi découvert une façon novatrice de convaincre plus facilement les patients de modifier leur style de vie et de les engager activement dans leur propre guérison. Bernie s'est retiré de la pratique de la chirurgie générale et pédiatrique en 1989.

Depuis, Bernie, qui a toujours été un ardent défenseur de ses patients, se consacre à humaniser l'approche des institutions médicales à l'égard des patients et à redonner à ceux-ci le pouvoir de jouer un rôle déterminant dans leur guérison. Conférencier infatigable, il se rend aux quatre coins du monde pour parler aux patients et aux groupes soignants. Auteur de plusieurs livres, dont certains ont été traduits en français comme *L'amour, la médecine et les miracles*, *Messages de vie*, *Vivre la maladie*, *Défier la maladie*, Bernie est au premier plan de la déontologie médicale et des questions spirituelles de notre époque. Lui et sa femme (et coauteure occasionnelle), Bobbie, vivent près de New Haven, au Connecticut. Ils ont cinq enfants et huit petits-enfants.

ADA
éditions

www.AdA-inc.com
info@AdA-inc.com